天使の記号学

双書　現代の哲学

天使の記号学

山内志朗
Yamauchi Shiro

岩波書店

天使の記号学／目　次

目　次

序章　リアリティのゆくえ

「自分」ということのリアリティを見失ったとき、生々しい感覚を求めること、例えば、たばこの火を体に押しつける行為は特異なことなのだろうか。そんなことをする人間は少ないとしても、それに類した行為に向かう人が多いのではないか。タバコの火が体に触れるとき、その火は熱い、体中を熱さが駆け抜ける。ところが、そこに不思議なぐらいリアリティはない。いや、自分の感覚という感じがしない。どういうことなのだろう。

そこに痛み・感覚はある。それでも、「私の痛み」ではない感じがする。痛みがあることは確かだが、「私」から遠いところにある痛みなのだ。これは何を意味しているのだろう。一時的な離人症ということなのだろうか。

リアリティのなさは、激しく迫り来るとき、けっして所在ない退屈さ、空虚さ、空っぽの自分ということにとどまるものではない。突然口を開け、襲いかかってくる深淵という方が近いだろう。足を踏み外せば確実に死に至る絶壁の上に、立ちすくんでいる状態に似ているのかもしれない。そんなときに言葉は余計だ。どのような慰めの言葉であっても。

極度のストレス状態のときにも似たことが起きる。そんなときは、精神を持った人間、言葉を使う人間ではなく、肉体としてのみある人間がほしいことがある。暖かさを持った肌だけがリアリティを渡してくれるのだ。

このような生身の肉体で感じられる感覚的刺激こそが、リアリティの基本的形式なのだと考えたくもなるし、そう考える人も多い。リアリティが不足した時代では、感覚的刺激がリアリティの基礎として求められる傾向にある。痛みぐらいにしかリアリティを見出せず、しかもいくら痛みを重ねてもリアリティを得られない悲しい時代が現代なのかもしれない。とはいえ、痛みも感覚的刺激も、バラバラになった私をとりまとめてくれるわけではない。一番リアルであるはずのものがリアルではないことも少なくない。だから、毎日毎日こぼれ落ちてゆく自分の肉体を拾い集めるために、痛みを求め、自分の体を傷つける人も出てくる。

しかし、リアリティとは身体が生々しく感じるものでしかないのだろうか。リアリティを感覚する器官は肉体だけなのか。もしそうだとすれば、存在するのも生きるのも悲しいことだ。ありきたりの日常生活にリアリティが欠けている場合、人間は常に刺激的で、破壊的で、破滅的な生活を送るしかないのだから。だからといって、精神だけがリアリティを感じるものなのだろうか。もちろん、そうではないだろう。

生々しいリアリティを求めずにいられないこと、これは「実感」を基準にする発想と重なってくる。生々しい実感が得られない場合、抽象的思考にその代償を求める人も出てくるが、リアリティはそのどちらかにしかないと考え、その一方を選択しようとする傾向は、丸山真男が指摘したように、日本的思考の根に潜んでいるのかもしれない。そうだとすると、刹那的な激しい身体的刺激を求める狂騒と、真理の啓示にあふれた、難解なテキストへの沈潜は、具体性と抽象性という両極端の対立、そして媒介しがたい距離があるように見えるが、両者は同じ根を持つものであって、親近性を有しているのだろうし、だから案外そこに一挙の飛躍が起こりうることになる。丸山のよく知られた一節、「文学的実感は、この後者の狭い日常的感覚の世界においてか、さもなければ絶対的な自我が時空を超えて、瞬間的にきらめく真実の光を〈自由〉な直観で摑むときにだけ満足される。その中間を介在する〈社会〉という世界は本来あいまいで、どうにでも解釈がつき、しかも所詮はうつろい行く現象にすぎない」（丸山真男『日本の思想』）という指摘は、今なお耳を傾ける価値がある。

肉体の具体性と思想の抽象性を対立させ、その一方のみを選択しようとして、結局一方から他方へと無媒介的に飛躍すること（天使主義的飛躍）は、媒介の欠如に基づいて生じる。媒介がいかなるものであれ、人間が人間として生きるのは本質だけによってではない。媒介を通して、媒介において、媒介として生きるしかない。

とはいえ、「媒介」とは何なのだろうか。媒介になりうるものとして、とりあえず、「世間」・「身体性」・「人間的尺度」といったものを挙げることができる。こういったものは、経験に先立って与えられない以上、経験によって認識するしかないように見える。少なくとも経験主義者はそう考える。しかしそのような道しかないのか。いやその話の前に、経験の後に与えられるか、さもなければば経験の前に与えられるかという、二項対立的思考そのものに誤謬の巣があるのではないか。「経験しなければ分からない」、「経験しなくても分かる」といった水掛け論争は、結局のところ「天使たちの戦い」なのかもしれない。たぶん、経験の前にあるといっても、経験の後にあるといっても、奇妙になるような事態、経験の「中」にあると言うしかない事態がそこにはあるのだ。瀬戸物の手触りもテニスの体の動かし方も、経験の「前」や「後」にあるものではない。最初にはわけの分からなかったものに「かたち」が与えられ、それを受容し、身体に内在化するにつれ、身体に適した尺度がどれくらいなのかを知るようになり、その後で、「かたち」が変化していくのが通例だが、その状態は、決して経験の「前」や「後」にあるものではない。

ここで私の思考は西洋中世に飛躍する。なぜ中世なのだろう。中世でなければならないのだろう。私もまた、天使への憧れのために、日常生活のリアリティを得られなくなってしまい、その失望感から、抽象的概念が飛び交う、煩瑣・錯雑たる中世スコラ哲学に逃避しただけなのかもしれない。哲学という病気、中世主義という不治の病のために、人間は進歩していると妄想する進歩主義・近代主義という病気を罵倒しているだけなのかもしれない。

確かに、西洋中世の哲学は、日本においては馴染みの少ないキリスト教カトリック神学の本丸であるばかりでなく、煩瑣な概念の過剰、無味乾燥の極致である。そこでは、伝統的見解が羅列され、繰り返しが多く、明確な主張もなく、結論となると、場合分けがなされ、〈かくかくであれば正しく、しかじかであれば誤っている〉というような議論に満ちあふれている。しかも、キリスト教が人間性を抑圧した時代、魔女狩りと異端弾圧とペストの時代が西洋中世であったとなれば、その時代に興味を持つのは、護教的信念にあふれたカトリック教徒か、中世崇拝のロマン主義者か、愚か者か、天使主義者かのいずれかということになりそうだ。

しかし、翻って考えてみると「中世」とは一つの時代だったのか。中世という名称そのものが、栄光の古代ギリシア・ローマと、栄光の復活としてのルネサンスの間の、空隙としての時代という蔑称の意味を持っているが、実は、ルネサンスが中世に準備されていたことを隠し、しかも、ギリシア・ローマの地中海文化と、アルプス以北のヨーロッパとの間にあった地域的、時間的、文化的、思想的な落差をも隠してしまっている。中世とは一つの時代ではありえないのに、一つの時代とすることで、何重にも及ぶ隠蔽が生じることになる。

それればかりではない。西洋中世とはカトリックが生活の全体を支配する暗黒の時代だったというステロタイプな見方は、近代の暗闇から目をそらせるためのものではなかったのか。西洋中世は、異端審問、魔女狩り、ローマ法王の座をめぐる汚職と暗殺にみちた権力闘争、生と性の快楽を徹底的に排除する非人間的な禁欲の時代、というイメージが今でも支配的だ。ところが、近代以降の人間の方が、途方もなく残虐であった。逆に、ホイジンガの『中世の秋』における「中世」は、涙と笑いに満ちあふれた世界でもあった。感情の方は毎日繰り広げられるものだが、そういった身の回りにありふれたものこそ、遠い未来には伝わりにくいものだ。言うまでもなく、書かれた事柄は、砂浜の一粒の砂に等しい。歴史は書かれたものから成り立っているのではない。書かれなかった事柄にこそ、真相が潜んでいることはよくある。

もちろん、書かれることがなくとも、伝統や文化として継承されることも少なくない。ただ、西洋中世は、少なくとも極東の人間には書かれたものを通してしか与えられていない。すると、中世はおぼろげにしか与えられないはずだ。そういった仕方でしか与えられない中世に私がこだわるのは、近世以降の哲学への違和感が背景にあるからだろう。理論のあり方としては、中世哲学より明晰で分かりやすいにもかかわらず、「肌に合わない」感じが抜けないのだ。

対照的に、中世哲学は分からないけれど、読むたびに何かを激しく伝えてくれるのだ。近世が忘却してしまった思考法が現代に呼びかけているように感じられる。実際に、そういった独自の思考法が中世にあったのかどうかは、これから考えていくしかないのだが、その思考のスタイルには、決して思考の意匠にとどまらないものがある。無味乾燥な文章の背後に、表現様式としてきわめて制約の多い、スコラ的ラテン語の背後には、何か熱い激流が潜んでいるように感じられるのだ。「意余って言葉足らざる」状態の中で紡がれた文章、「強度」に満ちた文章といってもよいかもしれない。饒舌さが情念を枯渇させるとすれば、中世とは寡黙さと情熱を兼ね備えた時代ではなかったのか。涙と笑いに満ちた時代と、形式的で煩瑣なスコラ哲学とは、同じ事態の表と裏ではないのか。

さらに、中世にこだわる別の理由もある。現代は「電子的グノーシス主義」、別の面から言えば、「天使主義」の時代だ。両者がどう関わるかは、後に触れるが、もし現代がグノーシスの時代であるなら、そしてグノーシスを乗り越えたければ、グノーシスと格闘した教父、グノーシスを越えて成立した中世に戻る必要があるのではないか、ということだ。

中世は、天使や奇蹟に溢れた時代に見えるし、それを否定しようとするのではないが、最近の中世史研究が明らかにしているように、神について語り、知ること(テオロギア)ばかりでなく、現世の営み(オイコノミア)を重視し、現世との関わりで天上を語る時代でもあった。いつの時代でも人間にとって最も関わりがあるのは、やはり人間のはずだ。謎めいた言い方になってしまうのだが、中世は基本的に内在か超越かの一方を選ぶのではなく、「内在的超越」の時代であったと言える。

私としては、媒介が経験の「前」や「後」にあるのではなく、「中」にあること、あえて言ってしまえば、リアリティは〈見えないもの〉と〈見えるもの〉のいずれのうちにあるのでもなく、その間にあることを述べていたのが、中世の実在論だったと思う。リアリティは直接与えられるものでも、目の前にあるものでもない。たぶん、後ずさりしながら、未来に向かうとき、背中に背負っているものなのだろう。重みを感じながらも、見ることができないために得体の知れなさに不安を感じながら、自分の重みとして引き受ければ、その足跡に陰を見出すことができるようなものかもしれない。このようなヴィジョンは、近代以降の哲学に皆無ではないが、大部分、中世哲学から与えられたものだ。リアリティとは、常に指先の一センチ先にあって、つかめそうになりながら、必ず取り逃がしてしまうものではない。そして、視線を遮る限界の背後にあるものでもなく、常に視線の手前にあるがゆえに、見えないものにとどまるものではないのか。

見ることの手前、語ることの手前、「自分」ということの手前にリアリティがあると述べるのが、実在論ではなかったのか。もちろん、このような実在論の理解が私の思索の中でさえ、どこまで持ちこたえられるか分からない。しかしながら、この打ち捨てられてきた実在論への信頼があるからこそ、私は中世哲学にこだわるしかない。キリスト教徒でも、西欧人でもなく、中世から遠く離れた人間が、西欧中世との間に持つ絆はそれだけかもしれない。しかしそれだけで十分なのだろう。

第１章　天使の言葉

人間は本来、穢れない存在、天使のような存在なのだろうか。赤ん坊のように穢れない姿、エデンの園の無垢の状態が本来の姿なのだろうか。天使の状態に戻ることができるとしても、天使が人間の理想状態なのか。

天使のように、欲望を持たぬ、清らかな存在になりたいと願う人間はたくさんいるかもしれない。しかし、天使になろうとしたとたん、人間は奈落に落ちていく。たとえ天使が清らかであっても、天使になろうとする欲望は清らかではないからだ。人間や自分が穢れたものとする発想は、浄化につながるどころか、淫らな欲望により深くはまりこむ効果の方が大きい。それにまた、人間が人間以外のものになろうとするのは、哲学においても人生観においても、ロクなものにならない。人間は人間以外の何ものでもないのだから。

人間を天使に近づけようとする理解には、コミュニケーションの相手となる他者のあり方について、暴力的な人間理解が潜んでいるように思われる。自分を天使のように「透明な存在」として捉えること、またはそうなろうとすることは、残酷で、悪魔的なものになりかねない。人間の条件を逸脱してしまうからなのか。もしかすると、言葉の問題はコミュニケーションを成立させる媒介の問題にとどまらず、人間の存在理解そのものに関わるのかもしれない。それはともかく、ここでの問題は「天使の言語」がなぜ危険なのかということである。

1　天使に言語は必要なのか

天使は、人間よりも神に近い、無垢の存在とされてきた。ここで、「天使(angel)」という言葉について見ておけば、ギリシア語で「アンゲロー(伝える・伝達する)」という動詞があり、「天使」はその派生語で、言葉の上では「伝達するもの・メディア・メッセンジャー」、特に神の心を人間に伝える者である。神の心を伝える者は、話しを歪めたり、混乱させる者であってはならない。空気のように透明で、存在しないに等しい媒体、これが天使だ。

ところで、天使たちはどうやって会話するのだろうか。いや、そもそも天使に言葉は必要なのか。天使は人間と違って肉体を持たない心だけの存在であり、他者に対して肉体という壁の後ろ側に立ってはいない以上、会話するのに言葉は必要ではない。考えていることはテレパシーのようにどんなに離れていても瞬時に伝わる。鏡に映った自分の姿を見るように相手の心が見えるのだ。そうすると、天使に言葉は必要ではないことになる。以上の議論を受け入れれば、当然の理屈として、人間は肉体を有するから言葉が必要だということになる。人間には肉体があるために、肉体が心を包み隠してしまう。直接的に相手の心に思いを届かせる方法がないために、言葉や文字を使って思いを伝えねばならない。困るのは、言葉では自分の思いがなかなか相手に伝わらないことだ。伝わったところで、相手からの返事はどこまでが本心か分かりはしない。言葉がなければコミュニケーションはできないが、言葉はコミュニケーションを妨害する、邪魔ものにもなる。だから、言葉などなくて済むならない方がよい、と「言葉嫌い（ミソロゴス）」の人は考える。おそらく「問答無用」と切り捨てることが「言葉嫌い」人間の永遠の夢なのだろう。ここにも天使の言葉への憧れがある。

肉体がコミュニケーションの障碍となっているために、やむを得ず言葉を用いているのだという考え方は分からないでもない。自分も他者も「透明な存在」ならば、ディスコミュニケーションに陥ることもないし、言葉の暴力性に身をさらす必要もない。もし人間が天使ならば、コミュニケーションに手間はいらないし、誤解される心配もない。これこそ理想的なコミュニケーションかもしれない。人間は、リアルタイムで短時間で多くの情報を遠くまで確実に伝えるために、電話・ファックス・インターネット等々を発達させたが、現在の人類が、ここまでメディアを発達させたのは、人間が天使ではなかったからだと言うこともできる。

メディアが意思や感情を伝えるための媒体にすぎないならば、媒体は空気のように透明なものの方がよい。人間の心を箱にたとえれば、メディアは箱と箱をつなぐパイプということになるが、そのパイプは、できるだけ太く、短く、何も詰まっていない方がよいわけだ。できるならばパイプが存在しない状態、これこそ天使に近い状態なのだ。言うまでもなく、言葉もメディアの一種だ。言葉を交わさない伝達とか「以心伝心」の世界、これこそ理想の状態かもしれない。

その世界は、身体を消去したコミュニケーションの世界であり、そして、インターネットの中を飛び交う天使たちが多くなったことに象徴されるように、現代のメディアの見方にもこういった世界を目指しているものが多い。しかし、パイプのない状態がほんとうに理想の状態なのだろうか。言葉もメディアもない状態は、人間がエデンの園に戻り、天使のような生活を送ることにつながるのか。私の考えでは、人間のコミュニケーションの理想形態を、天使の会話におくのは、二重にも三重にも間違っている。そして、天使の会話ということも誤解されている。いやそれどころか、大きな危険を孕んでいる。

情報やメディアやITという語が陳腐化しすぎて、ほとんど死語にもなりかかっている現代において、天使の言語を語るのは反時代的だが、現代のメディアの多くが天使主義的でグノーシス主義的である以上、反時代的に考察した方が、時代の歪みが見えるということもある。言うまでもないことだが、天使が存在するか、たとえ天使が現実に存在しているとしても、天使の言語が存在するかということはどうでもよいことだ。問題はそんなところにはない。

2　天使の言語論

前のところでは、天使は肉体を持たないため、言葉を必要としないという議論を見たが、中世の正統的見解は、肉体を持たないにもかかわらず、天使もまた言葉を持つと考える。これはどういうことなのか。天使の言語に関する見解は、他のテーマに関してならば、多種多様な理論があったスコラ哲学でも、それほど多様なものに分類されるわけではない。中世最大の神学者トマス・アクィナス(一二二五頃―一二七四年)の天使言語論を、典型的な理論と見なし、拠り所として話を進める。

まず、当時の見解には、天使は肉体を持たないがゆえに、言葉を持たないというものがあった。この見方は前節で触れたものだが、実は正統的見解ではなかったのだ。それがなぜ非正統のものとされたかに鍵がある。この考えによれば、肉体は、心を覆い隠す殻であって、外側から他者を見ても、その心の内は見ることも聞くこともできない。したがって、見たり聞いたりできる記号を使って、間接的に他者の心を知るしかない。しかし、天使の場合、肉体を持たないために、心のあり方は、他の天使も手に取るように分かる。天使たちは以心伝心の状態にあり、どんなに複雑な思いも、どんなにたくさんの思いも、どんなに離れても、瞬時に誤解されることもなく、コミュニケーションができるというのである。そして、天使論関係の著作の多くにもこのような捉え方を読みとることができる。

このような見解に対して、天使にも言葉は存在するというのが、トマス・アクィナスの立場だ。その立場は、人間においてなぜ言葉が必要なのかを吟味することで明らかにされていく。言葉という不確かな記号を、人間が相互に意思伝達する場合に用いるのは、人間が肉体という〈覆い〉を持っているからだ。しかし、肉体を有するがゆえに、そのためだけに、人間は言葉を用いねばならぬと考えるのはトマスによれば誤りである。人間において、精神の内側に懐かれるものは、二重の障碍によって遮られ、閉ざされたものとなっている。その二重の障碍が肉体と意志である。人間が言葉を用いるのは、肉体という障碍だけでなく、意志という障碍も存在するからであり、意志という障碍の方が、より根本的なものだ。

話し手の考えは壊れた蛇口から垂れ流されていて、肉体がそれをせき止めているのではない。もしそうならば、肉体がなくなった場合、他者はバケツのように垂れ流しの考えを受けとめることができるだろう。しかし、遮っているのは、肉体だけではない。心の「蛇口」を締めることは、話し手の能力(意志)の内に含まれる。相手に伝えよう理解されようと話し手が欲し、その思いが言葉として表現されるとき、コミュニケーションが始まる。

天使は確かに肉体を持たない。しかし、彼らは垂れ流しのテレパシーの洪水のなかにいるはずもない。天使も意志を有し、他者に知られないよう欲するときは、心を閉じることができる。したがって、天使においても、コミュニケーションが成立するためには、コミュニケーションを成立させようとする意志が必要だ。伝えようとする意志によって、天使の心の内容は、他の天使に現前するものとなる。

天使の間に見られるコミュニケーションも一種の言葉だ。これは口から発せられる言葉ではないが、「心の言葉」と言われるものだ。ここでは、人間の言葉は物理的で、天使の言葉はそうではないことが両者の言葉を比較不可能にするわけではない。言葉の機能において他者の働きかけという点が重視されるならば、両者を言葉という枠内で論じることはできるからだ。そして、トマスが天使の言葉を語るのも、物理現象としての言葉という観点からではない。むしろ、意思を伝えるものが言葉なのだ。逆に、伝えないこともできるとすれば、そこには言葉があると言えるのだ。この議論の中で、天使の言葉が一体いかなる言葉であるのかは、さすがの中世のスコラ神学者も詮索を加えるところではない。もっとも、一七世紀になると、天使の言語をヘブライ語と考える人々が現れてきただけでなく、普遍言語の夢想者たちは天使の言語を発見・発明しようとしたのだが。ここでの問題はむしろ、伝える／伝えないという切り替えが存在し、そしてそれを司るのが意志であるということだ。

意志がコミュニケーションの成立条件であるというのは、当然すぎてかえって見逃されやすい。伝えるべきものがあるとき、伝えたいと思い、そして伝えたいからコミュニケーションが始まるというのは、心情の論理としては当たり前だ。中世では、そういったかえって語りにくい、当たり前のことが正面から論じられもする。ところが、近世以降、普遍言語の理想と関連するのかどうか、意志が障碍・阻害条件ともなるという発想は珍しくなっていく。意志が、物事を成立させる、一種の「力」として捉えられることは、中世でも近世以降でも変わらないにしても、障碍としての側面は閑却されていくからだ。とにかく、「意志」が障碍としての機能を有すること、そしてこの論点が言葉の問題にとって重要であるという指摘は、中世における天使言語論から借り入れられる論点だ。

では、意志が障碍、〈覆い〉であるとは何を意味するのか。一つの理解としては、意志は心の内容の流出を止め、いわば心の扉のごときものと考える行き方がある。つまり、言葉に先立って、心の内容は確立されてあり、言葉は心の内容を記述するもので、意志は心の内容や言葉の意味に何もつけ加えない、と考えるのだ。扉を開けただけで、部屋の家具の配置が変化してしまうような扉は、上等な扉ではない。トマスも意志を扉のように考えていた可能性がある。

別の理解として、意志は言葉を単なる記号としてではなく、「出来事」に化する力と考えることもできる。例えば「この部屋は暑い」という言葉は、状況によって、発声練習だったり、窓を開けてほしいという依頼・命令だったり、汗を流すに相応しい場所を見つけた喜びの声だったりする。この言葉は、話者の心の内容を記述しているわけではないし、哲学者でなければ、言葉をそのように捉える人は多くない。普通の人間は、節穴としての言葉を通して他人の心をのぞき見しようとはしない。

そして、言葉は、語学の練習のときのように例文が話される場合でなければ、常に特定の状況の中で、状況と関連して使用される。目を見つめ合う二人だけの状況で、突然状況と無関係に「愛する」という動詞の活用の練習を始める人間はごく少数だ。言葉と状況の関係の要点は、言葉が状況へと適用されることであるが、言葉を状況に「適用(application)」するのに必要なのは、言葉の概念的理解だけではない。意図——ここではとりあえず意志とほぼ同義に考えている——がなければ、状況に適用することはできない。意図は、言葉が状況に適応しているかどうかが決まる因子であると同時に、言葉を適用するための必要条件となるものだ。

ところで、言葉が状況に適応し、効果を発揮していること、これが「言葉は出来事だ」ということの一つの意味だ。そして、その適用を行うかどうかを決定し、適用する能力が意志だ。すると、言葉の意味が、言葉の辞書的理解ではなく、聞き手への働きかけであれば、言葉の意味を決定する最終因子は意志だということになる。これが、意志とは言葉を出来事に化する力だということである。

意志は、コミュニケーションに先立って存在する初期条件にとどまるものではない。もし初期条件ならば、コミュニケーションが始まったとたん、意志はコミュニケーションの内容には関与しないことになる。そして、聞き手の側の理解のプロセスが、話し手の側の発話のプロセス（意図―言葉の選択―発話行為―音声）とちょうど逆であるとすれば、コミュニケーションの初期条件は、理解のプロセスにおいては最後に得られるものとなる。しかし、聞くことと語ることは逆向きの操作なのではない。しかも、意志は、聞き手の理解のプロセスにおいて最後に得られるというわけでもない。コミュニケーションは反転可能性（reversibility）を前提するが、その反転はプロセスの反転といったものではない。ここには様々な論点が含まれているのだが、特に重要なのは、意志が前提条件であるばかりでなく、言葉が状況に適用されることによって、明確な姿をとること、つまり、最後に登場するものでもあることだ。自分が何を語ってしまったのか、語った後で気づくことは少なくない。

ここで、天使の言葉に戻ろう。意志が〈覆い〉になることは、今述べた第二の理解においてであると思われる。とはいえ、この第二の理解は、例えば、トマスの『神学大全』において天使の言葉を扱った箇所にはっきりと登場するものではない。したがって、第二の理解は、トマス理解に関しては誤解・誤読なのだが、誤解を避けてばかりもいられない。

確かに、意志が言葉を状況に適用する前提条件であること、そして言葉が適用された結果、言葉の個別化によって最後に登場するのが意志だという読み方は、現代では珍しくないとしても、中世スコラ哲学に馴染まないように見える。だが、コミュニケーションの個別化の論点は存在していた以上、木に竹を接いだようなものにはならないはずだ。トマスの天使言語論においても、コミュニケーションの個別化の論点が登場し、それを、ただ一人の天使にのみ語りかけることができるという指摘に見出すことができる。つまり、トマスは、天使はただ一人の天使に語りかけることができると明言しており、コミュニケーションの個別化ということを十分意識していたのだ。もし第一の理解においてのように、意志が扉のようにあるのなら、語りの方向性は定まらず、話し手が聞き手を取捨選択することは困難になってしまう。言葉とは、匿名の不特定の多数者に語られることは少なく、むしろ特定の状況で、特定の人間にのみ語られるものである。そして、或る天使が特定の天使にのみ語りかけるということは、意志によってなされるのであり、意志は、内部にある心の内容を外側にもたらすだけでなく、状況と聞き手の選択を行うものである。このように見れば、意志こそ言葉を適用するものだということができる。

天使の言語においてさえも、言葉は心の内にあるメッセージを他者に移送する乗り物ではない。意志が不透明性の起源としてあり、外に現れることが同時に個体化であって、出自の姿を変様させることは、天使言語論の要点となる。言葉の問題を離れて、一般的に述べても、個体化とは普遍的なものが個別的なものになることを指すだけではない。個体化とは、一番最初にあったものが、生成の過程であたかも一番最後に現象するごとく語るしかない事態に見られるものだ。このような個体化の捉え方は、特異なものである以上、ここで強く主張するつもりもないが、思った以上に錯綜したプロセスであると思われるし、同じことは言葉においても見られると私は思う。とにかく、言葉に、肉体と意志という二つの障碍があることは、コミュニケーションの阻害要因にもなるが、コミュニケーションが具体性・個体性を得るための条件でもあるのだ。

3　言葉の裏切りと他者の裏切り

天使の言葉を、そもそも存在しないと考えようと、必要がないと考えようと、障碍のない透明なコミュニケーションと考えようと、そのいずれにおいても言葉は付随的な道具としか捉えられていない。前節でのトマスの天使言語論は、天使の言葉に不透明性が見られることを述べていた。不透明性は、障碍と考えることもできるが、一方で、言葉が言葉として成立するための条件、それどころか言葉の本質とも考えられる。その不透明性は、単なる障碍としてより、内部と外部の間の非対称性として考えた方がよいかもしれない。

その非対称性を憎悪し、排除しようとする者にとって、言葉は裏切りの事件になる。誤った天使主義は、鏡に映る自己の像への憎悪のために、ひとが自分の姿とは反転した姿を鏡に見出すことから生じる。私が知りたいのは、人間言語論の裏返しとしての天使言語論ではなく、なぜ天使の言語への憧憬、誤った天使主義が倒錯に陥らざるを得ないかということだ。

言葉は常に語り手を裏切る。これは表現という行為の避けられない特質だ。表現(expression)行為は、確かに、自分の内面にあるものを外側に押し出す行為だ。しかし、外に出された途端、表現されたものは、取り戻すことのできない、そして自分では制御することのできない出来事として、表現者を裏切る。自分の思いが、思いのままに伝わることを夢想すること、表現されたものが表現者の手の内にあると考えるのは楽天的なことだ。

語ることは、語り手の内に渾然として存在することに分節を与える。もちろん、語ることでなく、叫び声に出すことであろうと、涙を流すことであろうとかまわない。心の中に沸き起こってきた衝動は、大声を出すことで怒りとして定着する場合を考えればよいだろう。人間の認識が経験を素材として始まるのではないが、経験と共に生じるのとちょうど同じように、心の情念も言葉を原因として存在し始めるのではなく、言葉と共に生じてくる。言葉が、素材として存在する心の内容に、形を与えるのだ。「悲しいから泣くのではない。泣くから悲しいのだ」というのは言い過ぎであり、しかも単純すぎるが、「悲しみ」が原因で「泣くこと」が結果ではないように、言葉が発せられる前にある感情はあるともないとも言えないようなものだ。そこでは、不透明性は語ることの手前にある。

このように言っても、考えないでしゃべった方がよいと述べているのではない。語ることは、聞き手に意思が流れ込んでいくのにとどまらず、語り手に反射し、語り手が自らを見る鏡となるのであり、そして、その結果、消しがたい痕跡を出来事として世界に残すことだ。この意味では、言葉は、話者の心から投げ出された石つぶてというよりは、石つぶてが水面に飛び込むことで生じる波紋に近い。しかも、その波紋は、石つぶての形状よりもむしろ、水面の形や辺りに吹く風の強さなどに左右される。言葉が目指すものは、前節で見たように、いわば、石つぶてを水面に投げることにあるのではなく、波紋がいかなる形状になるかにある。そして、変化する周囲の状況の中で、そのタイミングを計ることが、「意図」にあたる。結果は見極められない以上、不透明性は語ることの後にもある。

見境もなく、心に思うことを外側に吐き出すことは、決して「言葉」を使用していると言えない。内なるものを外に出すだけでなく、外の世界で働くことが言葉の生命なのだから。したがって、言葉を使用することは、いかに内面と対応しているかという「真理の尺度」によってよりは、状況にいかに適合しているかという「適切さ」という曖昧な尺度によって計られねばならないのだ。透明な天使の言葉を夢想することは、世界から切り離された自分を夢想することに等しい。世界から切り離されてあることが可能であるならばいざ知らず、世界の中にいることが事実であって、世界から独立することが不可能な場合、天使主義者は世界を消滅させる、もし消滅させられなければ、世界との「絆」を破壊することを夢想する。

世界を消滅させることは、『新世紀エヴァンゲリオン』のようなアニメの中では可能かもしれないが、現実には不可能だ。ただし、積み木の遊園地を破壊する子供のように、世界ではなく、その代わりに世界を象徴するもの・絆ならば破壊することはできる。しかも、全能感を喪失しないまま破壊できる。世界を象徴するもの・絆は、各人がどのような状況・環境に生きているかによって、千差万別の姿をとるが、基本的に、制度・秩序に帰着する。その対象が、制度・秩序の中心に位置する権力・人物とされようと、ここでは大差はない。

また、世界との「絆」を破壊するとは、「絆」の最たるものが「言葉」である以上、「言葉嫌い」に陥ることでもある。「絆」の破壊が、世界からの離脱の思いに由来するとすれば、そこでは、「言葉嫌い」と「人間嫌い」は事実上一致する。媒介のない直接的な世界との結合、世界との癒合的関係は、親密さ(インティマシー)を含んだものであるよりも、破壊性を孕んだものだ。直接的関係・癒合的関係を確立しようとすることは必然的に挫折に帰着するが、その挫折への呪詛から、関係一般の破壊衝動が導かれるからだ。これは、絆を求める者が絆から排除されることによって、あらゆる絆を破壊しようとすることに似ている。「誰もオレのことを分かってくれない」という叫びは、自分のすべてを分かってもらいたいという甘えばかりか、絆への幻想、幻想の必然的帰結としての絆への絶望、ついには絆の破壊衝動をも含んでいる。そこには、自己・他者・媒体への呪詛、世界の破壊願望が潜んでいる。

絆とは、壊れやすい不安定な自己を保護し、守ってくれるものではない。絆の確立とは他者を無毒化することではない。むしろ、他者の有害性が直接侵入してくる通路を開くことだ。その通路は、抵抗も障碍もない通路ではなく、検閲と抑圧に満ちた通路だ。しかも、通路を往来する内容とは無関係に、通路そのものが、慣習・規約・規則に満ちた制度的存在である以上、通路を開くこと自体が自己を危険に晒す。しかし、危険に身を晒さなければ、自己を守る免疫も成立しない。誤った天使主義は、いかなる病気からも免れて無菌状態にとどまること、それどころか自己の内臓に棲む細菌をも消滅させることを夢想することに似ている。

もちろん、安全な「絆」が可能だと考えるのも、安直でしかなかろう。私と世界の間には、共通の尺度など存在し得ないこと、顔の表情の背後にあるものに踏み込むこともできぬまま、顔と顔を対峙させたまま存在するしかないこと、断絶しかないこと、こちらの方が現実味を帯びている。この共通の尺度が存在しないことを、共約不可能性(incommensurabilitas)と呼んでもよい。

断絶に対して、ひとはどのように対処しているのだろうか。もちろんのこと、こともなげに軽々と渡っていく人も多い。断絶に気づかず、足を滑らせて、何も分からないまま奈落に墜落していく人もいる。断絶から遠いところに身を置き、断絶の存在を認めない立場もある。そして、目の前の断絶に絶望して、奈落に自分から飛び込む生き方もある。このような断絶にもかかわらず、断絶を越えて、何かが交換されているのも事実だ。交換されているという事実を真に受けて、断絶を認めない考えもある。目をつぶれば、明白な事実も見ないで済む。しかし、人間に対する人間の蛮行の歴史を見て、断絶はないと言い切れるのか。毎日数え切れないぐらい生じる誤解や抗争の累積にもかかわらず、断絶はないと言えるのか。もしそう言える人間がいれば、敬して遠ざけ、お引きとり願うしか、他に手の打ちようがない。もちろん、いくら断絶を認めているとはいえ、歓喜の声を上げながら奈落に飛び込んでいく超人となるととてもついていけないが。

〈私〉と他者の間に共約不可能性を認め、そしてコミュニケーションの困難さに絶望せず、当然のことと認めた上で、言葉を用いることは、「まともな、健康的な」大人にとって日常茶飯事でわざわざ論じるまでもないことであり、共約不可能性という仰々しい用語で論じることは大げさかもしれないが、身の回りにあるすべてのものが、使い方次第で自殺の道具になりうるように、日常性の中に、身を破滅させるに足る深淵があるという指摘も無意味とは限らないだろう。料理をする度に包丁の輝きを見て死の恐怖におののく人間は存在するのだから。もちろん、平凡な日常が奈落の隣にあることに気づかないで済むならば、何も気づかないままでいられるのが一番の幸せなのだろうが。

天使が言葉を用いるというのは、天使もまた、奈落の縁にいるということだ。天使が奈落に臨んでいなければ、どうして天使が堕落して悪魔になることが可能だったのか。

4 祈りの言葉

前節で見たのは、言語に関する天使主義的誤謬についてだった。天使もまた言葉を有するのに、天使の世界を言葉のない世界として捉え、そこに理想を見出すこと、これが誤った天使主義的言語論だ。人間の思想は心の中にある限り、渾然としたものであって、状況に適用され、特定の人物に向けて発信され、個体化することによって、力・出来事として世界の中に位置を占めるからだ。言語は世界に傷をつけずにはおかないのであり、自分にも他者にも世界にも傷をつけない言語、世界を上空飛翔する言語、世界から逃避しようとする言語は言語たりえない。だからこそ、自分をも他人をも傷つけないと思って語った言葉が、自分をも他人をも癒しがたいまでに傷つけるということが起こる。

このような言語の捉え方は、逸脱した論点も含まれているのだが、言葉のパフォーマティヴな機能の重視、いわゆる「言語行為論」に近いものだ(全く異なるというのが常識的な理解である)。このような言語論は、一九六〇年代の言語論的展開(linguistic turn)とともに生じたというのが普通の理解だろう。そして、中世哲学に言語行為論的発想があったというのはなかなかのアナクロニズムである。しかし、中世主義者にとって、一九六〇年代に言語論的展開があったというのは、一四九二年にアメリカ大陸が発見されたというのと同じ奇妙さがある。

確かに、中世の言語論にはパフォーマティヴな側面への注目はなかなか見出されない。これは、中世哲学では、アリストテレスの『命題論』の冒頭に登場する記号論の三項図式が支配的であり、そこから言語に関する話が始まる以上、仕方のないことだ。この三項図式、つまり事物―概念―音声という枠組みでは、出来事としての言葉という側面は登場しにくい。概念は事物の自然的記号であり、音声は概念の人為的記号であり、音声は記号の記号という二重の記号作用を含んでいるという理解のままでは、記号作用＝意味作用が、文脈や状況から切り離されたものとして考察されており、音声は記述や描写をするものでしかない。音声が話された記号で、その音声を書き記した記号が文字だというように、四項図式で考えても事情は変わらない。

ところで、言葉が出来事であるという理解は、聖書の「光あれ」という神の言葉がそのまま創造であること、「はじめに言葉があった」という一節、「これ(パン)は私の肉体である」というイエスの言葉を踏まえれば、中世において稀有な発想ではなかったと考えられる。上記の聖書の諸節は、聖書に稀にしか登場しない論点ではない。しかも、それらの諸節は何度も何度も注解を加えられてきたものだ。ここでは、聖書解釈学に入ることはできないが、言葉が出来事としてあったことは、中世においては、しかも〈声の文化〉の影響を残している中世においては、当然のことだ。

言葉のもつ出来事・力としての側面、しかも神の言葉ではなく、人間の言葉にそれらの側面が見出されるとした場合、ここで考えられるものの一つが「祈り」ということだ。もし祈りが神へのコミュニケーションとしてあるならば、祈りを声に出す必要はない。神は祈るものの心の内をすべて知っているからだ。

祈りに関する神学的枠組みを整理しておけば、祈り(oratio)とは、語源的には口(os)から発せられるものであり、宗教の場面を離れれば、oratio という語は「言葉」の意味で用いられる。祈りが言葉を伴うことは、語源学的には自明のことである。祈りは、伝統的には「知性が神へと昇ること」と整理される。祈りの内容は、悔恨であれ、祈願であれ、賛美であれ、祈る者の心の内はすべて神に知られている。すると、祈りにおいて言葉は必要ないことになる。

しかし、祈りはコミュニケーションではない。これが中世における標準的理解である。祈りとは行為なのであり、しかも自己へと帰ることによって、神に至る行為なのだ。そこでは言葉に発するということが大きな意味を持っている。

中世の神学者の多くは祈りにおける言葉の使用に意義を認める。まず、集団的祈りの場合、司祭が教会に集まった信徒を代表して祈りを捧げるが、司祭の祈りが声に出されなければ、信徒たちは、いつ祈りを捧げたらよいのか、どのように心を合わせて集団としての祈りを成立させたらよいのか分からなくなる。したがって、集団的祈りにおいては言葉が必要なのだ。神への語りにおいて、言葉は必要ないとしても、同時に人間に向かっても合図を送らねばならない以上、言葉が必要になるということである。

ところで、個人的祈りの場合、他の人間に知らせる必要はない以上、そして神にのみ語りかける以上、言葉は必ずしも必要ではない。これは多くの神学者が認めることである。しかし、その上で、神学者たちは、個人的祈りにおける言葉の意味を積極的に認めている。中世の議論を集約すると、七つの論拠があるという(ヨハネス・アルテンスタイク『神学辞典』一六一九年)。

(1)心の内に敬虔な思いを喚起するため、(2)心を照明するため、(3)祈るときに必要なことがらを覚えやすくするため、(4)心が放浪しないように見張りをするため、つまり心があらぬことを考えないようにするため、(5)神より与えられた恩義、つまり精神と肉体の両方において報いるため、(6)激しい情念と献身によって、心の中に収まり切らなくなったものが肉体へと溢れ出てくるため、

(7) 隣人に祈りを教えるため。

多くの神学者に共通するのは、(1)の論点である。祈りとは、先に敬虔な心情があって言葉や身ぶりとして外に現れてくる(6)のような場合もあるが、多くの場合、逆に、言葉や身振りといった外側の形が先にあって、その後で内面の心情がつき従うものなのである。

神仏に頭を下げて、手を合わせるのは、敬虔な心情が沸き起こったからではなく、敬虔な心情を引き起こすためだというのは重要な論点だろう。もちろん、敬虔な心情の発生時点・過程を調べるのは困難だが、外側の形・言葉が整って初めて、敬虔な心情が高まるという方が事実に近いと思われる。日々の労働の忙時、祈りに先立って、敬虔な心情を求めることは、非現実的であろう。世俗を離れて生きる者ならばいざ知らず、世俗の中に生きる者には、内的敬虔に先だって、言葉があり、祈りの言葉が敬虔な心情を引き起こすのは当たり前のことだ。

祈りには、心の内で唱えられる祈り、口先だけで唱えられる祈り、両者を備えた祈りに分類され、どの祈りが最も有効かという議論があったが、中世においては総ての祈りは有効であるとされていた。近世以降に登場する心情重視の流れからすれば、口先だけで唱えられる祈りは、低俗なものであって、心の内に観想が伴った祈り、いやそれどころか黙想の方が重要だということにもなるが、中世ではそうではなかった。もちろん、そこにカトリックの妥協主義を見る考え方も可能だろうが、そこにあるのは、むしろ行為としての言語の側面なのである。「これは私の肉である」という言葉によって、パンが性質の上での変化を伴わないで、実体においてキリストの肉に変質するという議論は、神学的な困難にかかわらず、そして物事を一次元的にしか見られない人間たちの度重なる批判にもかかわらず、言葉に内在する力を強調する発想として、言葉を考える場合の原点におかれねばならないことだ。言葉とは、心の内で懐胎されたものの受肉した姿である以上、聖餐における実体変化(transsubstantiatio)との連関は当然のことだ。

一般的に述べても、心が、肉体の形・動作・習慣によって形が与えられることはおそらく当然のことだろう。言葉のパフォーマティヴな働きへの注目は中世においても存在していた。言葉の基本単位が、真偽を有する命題に置かれる限り、行為としての言葉の側面は閑却されるし、閑却されねばならない。これはたぶん当時の常識であり、しかも同時に論理を越えた領域においては、最も透明なはずのコミュニケーションでさえ、言葉を要すると考えられていた。言葉に備わっている物事を成立させる力が認識されていたのだ。

中世が、身ぶりにおいても言葉においても儀式の秩序においても、形式的で定型的であったのは、心の姿は、具体的な「形」を持ったもの——音声もそこに含まれる——に転じる過程で徐々に現象することを前提していたからだと思われる。「形相・形は事物に存在を与える(Forma dat esse rei.)」という中世の格率は、形相(forma)が、予め存在する事物の原型・範型の側面(「かたち」)と、目や耳や触覚といった感覚が把握する「形(forma)」の両側面を有していたこと、しかもその場合、形相は初めにあってしかも最後に登場するものであること、つまり、渾然としたものが明確なものとなる過程を表すものと理解することができる。そして、このような現象する過程を担う力が意志であるし、また意志であると理解されていたと私は思う。

5 言葉の受肉

前節で見たように、祈りにおける言葉も出来事としての側面を有していた。それは外的世界に物理的現象として現れ、物理的な変化を引き起こすということにとどまらず、内部をも調えるものだった。

このような過程は、物質的ならざるものが物質的なものとして現象することである以上、受肉(incarnatio)と呼ぶこともできる。言葉は出来事として生み出されてしまえば、話者の自由になるものとしてではなく、話者を拘束・束縛するものとして存在し始める。約束は話者に義務を負わせる。

口は災いの元と言いたいのではない。受肉という過程は一般に、外に向かう外化・物質化の側面と、自己への立ち返り・自己還帰の側面があると言いたいのだ。言葉とは、外部に現れた心の内容であり、語る者もそれを見るとともに、聞く者もそれを見る。この事態を表すのに、「話し手が語るのではない、言葉が語るのだ」と述べてもよい。だからこそ、言葉嫌いは、辿っていけば、人間嫌いに帰着する。しかも、その人間嫌いは、他者のみならず、自己をも忌み嫌う人間嫌いなのだろう。

現代に限らず、古代から、物質・肉体・感覚・情念・欲望などを、それどころか場合によっては現実世界まで嫌悪する系譜が存在する。現実性・偶然性・可滅性などをそこに加えてもかまわないだろう。天使はそれらのいずれからも離れたものだ。確かに、今挙げたような特徴を全く免れた者を目指すということは、理にかなったことに見える。

ここで問題なのは、ここに挙げられた諸性質が物質的なもの、その対極的な性質が精神的なものという前提の上で、物質的なものに悪が見出される場合、精神的なものが望ましいと考える発想そのものだ。そこには、純粋主義・潔癖主義という危険な発想が潜んでいる。AとBが反対である場合、すべてのものはAかBのいずれかであるとし、AでなければBであるという排中律的発想そのものが危険なのだ。もちろん、論理学を責めているのではない。規則そのものではなく、規則の適用が問題なのだ。論理において排中律が成り立っていようと、現実への適用の場面では二者択一は基本原則とはならない。

哲学の言葉は、AでなければBであるという排中律的発想を取らず、矛盾そのものが成立する次元まで入り込みながら語る。例えば、アヴィセンナに由来する「馬性としての馬性は一でも多でも、可能態でも現実態でも、精神の内にあるのでも外にあるのでもない」という、典型的に哲学的な語り方は、おそらく、語りを、いやそれどころか〈存在〉を成立させる次元を扱ったものだ。このような曖昧なもの、両義的な領域は名前を与えることはできても、述語を与えることができない。

名前はあっても、語りの地平にもたらし得ないものは多数存在する。神については論じないとしても、「私性」、「個体性」、「生命」といったものはそのようなものだろう。このようなものは概して、或る一時点で明確な概念的理解が得られるようなものではなく、むしろ、過程を通してしか現象しない。そして、それらのものは、知性によって概念的に把握されると考えるのではなく、この過程を担う力を意志と捉え、その意志に規定性の源泉を認めるのが、いわゆる「主意主義」である。そして、そのプロセス・過程のリアリティ、移ろいの中でしか経験されないリアリティの確かさを主張するのが、実在論のはずだ。

このような語り得ぬことも、出来事として受肉し、目に見えるものとなり、語り得るものとなる。もちろん、語り得るものとなったときに、語り得ぬものであったときに感じられた、「得体の知れないところ」は消え失せ、泥や汗や涙や血にまみれた世界、偶然性の世界に産み落とされる。一般に受肉することは、穢れたもの、堕落したものに陥ることである。しかし、穢れた現実・世界を拒否し、失われた純粋性を希求し、そこに回帰しようとするのは、傲慢の罪であろう。受肉への呪詛は、世界の存在への呪詛となるからだ。「私は生まれてこなければよかったのだ」、「私は存在しない方がよいのだ」という思いは、自己の破壊・他者の破壊・世界の破壊のいずれかに帰着する傾向を有している。自暴自棄こそ、「だからみんな死んじゃえ」という思いにつながる罪悪だ。たぶん、世界の破壊衝動を持たない自暴自棄・自殺は存在しないのだろう。

天使への憧憬、「透明な存在」への憧憬は、喪われた全能状態へのノスタルジー、そしてこれと表裏をなす、途方もない呪詛を源泉にしている。私には、母親の胎内への還帰願望、失われた始源としての純粋性への希求は、現実への呪詛に発していると思われる。そして、この呪詛は誤った天使主義に由来している。過去を取り戻そうとする不可能を願望することは、不可能を希求するものであるがゆえに、そして不可能が知られているがゆえに、破壊的なものか、せいぜい退廃・無気力しか生み出さない。

天使へのあこがれは、人間の言葉のあり方を見逃してしまうばかりか、危険な傾向を含んでいる。私としては、天使の言葉への希望が、表面上の清らかさと裏腹に、呪詛に満ちた、穢れたものであること、そしてそこから逃れる鍵が意志と偶然性であることを確認できればよいのだ。言葉の不透明性は、排除できないし、排除されるべきでもない。たとえ、悪しき言語使用への居直りの口実となるにしてもである。それはちょうど修辞の使用が言葉の多義性を引き起こす危険性とともに、豊かさの源泉であることと類比的だ。誤った天使主義において、人間にとって最も危険で、有害で、絶滅されるべきものは肉体を持った人間なのだ。もちろん、ここで正しい天使主義を標榜しようというのではない。正しい天使主義があるとすれば、人間主義と重なるはずだから。ここでの私の結論はいたって単純素朴である。人間の内にある〈悪〉を認めないことも、絶滅させようと夢見ることも、〈悪〉から離れることではなく、もっと深い〈悪〉への墜落であるということが言いたいのだ。

第２章　欲望と快楽の文法

人間は神でも天使でもない。したがって、人間のうちに〈悪〉は必ずある。ところが、天使への憧れがある場合、求める姿と現実の落差に落胆するためなのか、人間はことさらに自分の肉体のうちに〈悪〉を見出そうとする。穢れた欲望、穢れた肉体、なぜそうまでして〈悪〉を見出そうとするのだろうか。天使から遠く離れた自分を確認することで、天使になる願望をそれだけ強く持てるようにするためなのか。泥んこ遊びに興じる子どものように、悪にまみれたがるためなのか。肉体に罪悪を感じることによってしか、肉体をまとっている感じを見出すことができないためなのか。

１　現代のグノーシス主義

人間は肉体を有し、肉体を有するがために、欲望を有する。喉が渇けば水を欲し、空腹になれば食べ物を欲する。欲望とは本来生命を維持するために存在するものだ。生命が尊いものならば、欲望もまた尊いものと考えることもできるはずだ。ところが、自らの欲望が、何か醜いと感じるときがある、いやほとんど常にそう表象されてきた。欲望が醜いものであれば、肉体の命が欲望によって維持されるものである以上、生命そのものが醜いものとなりかねない。生命の誕生が性的欲望と性的行為を始まりとしている以上、生命の誕生は穢れた、醜いものになってしまう。数ある欲望の中でも、性的欲望だけが醜いものということなのか。人間にはなぜか罪悪感がつきものだが、人間が人間として生きるために持たざるをえない罪悪感、もしそれが、自分が犯した罪からしか生じないとすれば、罪悪感を求めて罪を犯すしかなくなってしまう。しかし、なぜ人間だけが罪悪感を持ちうるのか。

人間は産みの苦しみのなかで、血にまみれながら生まれてくる。そこに、欲望への罰、生命への呪いを感じる人もいる。しかしながら、欲望が醜いものであるはずがない。生命は、本来祝福されたものであるはずであり、そうでなければならないのだから。そうであるとすれば、欲望や快楽を醜く穢れたものと捉えることは、人間に固有な良心のゆえに生じることとも考えられるが、案外、人間の本来的な姿を天使と考える誤謬が控えているからではないのか。それとも、欲望の経済学の視点から考えた場合、欲望を効率的に平等に分配するメカニズムとして罪悪感があるということにすぎないのか。もちろん、欲望を清浄なるものと捉えて、放埒に陥り、快楽に耽溺する考えが度し難いことは考えるにも及ばないのだが。

欲望を醜いものとして捉えることが、誤謬であるだけならばまだよい。欲望を醜いものと捉えることは、欲望を消滅させるのではなく、かえって欲望を主人とし、欲望に囚われ、欲望に支配され、欲望を守り育てることになってしまうようだ。欲望は欠如を起源としているため、自らの存在を否定され、悪意を向けられることで、増大できる性質があるのだろう。そうなると、天使になろうとすることで、人間は欲望を際限なく肥大させることができる。天使主義とは欲望の最も貪欲な形式なのかもしれない。欲望を醜いものと捉えれば、欲望の充足が欲望の消失ではなく、欲望を強めることができる。そして、歯止めなく自己肥大化する欲望は、充足を介して安らかに眠るのではなく、自分自身、いや場合によっては他者を破壊しながら、決壊に向かう。

ここで思い起こされるのが、現代の症候群の象徴としての『新世紀エヴァンゲリオン』(以下『エヴァ』と略記する)だ。多くの若者が『エヴァ』を共感をもって眺めたことの背景には、グノーシス主義の世界観が如実に現れていることもあるのだろう。ほぼ時を同じにして流行したものに天使本があるが、天使本と『エヴァ』の間には思想的な親近性を見て取ることができる。なぜ今、グノーシスであり、天使主義なのだろうか。

時代が混迷すると占いなどのオカルティズムが流行する。これは歴史のなかで繰り返されてきたことだ。新興宗教、占い、神秘主義、ニヒリズムは、ひとつのシンドロームを形成しているのだろう。現代にもそのような傾向は見られる。

少しだけ時代を遡ると、一九六〇年代から、禅、ハックスリ、クリシュナムルティ、シャルダン、そしてヒッピーなどに代表される〈新しいグノーシス主義〉が登場したとされる。〈新しいグノーシス主義〉は、失われた真実へのノスタルジー、黙示録的な予言、新世界への希望を混在させたものだ。世界への憎悪と世界を造った者への憎悪、「私」への憎悪と「私」を造った者への憎悪、そしてそういった憎悪に裏づけられて現れてくる、非現実的な未来への希望がそこにあったのだろう。肉体の重さを免れ、現実から離陸できる翼が手に入れば、どんな未来にでも飛翔できる、という夢があった。

ところで、この〈新しいグノーシス主義〉は、二、三世紀に隆盛した、過去のグノーシス主義がそのまま復活したものではない。現代のグノーシス主義は、社会全体に及んでいる、科学技術への信仰と浸透を背景にし、それへの反抗として登場していたのだ。「科学化」され、機械化された世界を拒絶し、拒否すること、そこに一九六〇年代の特徴があった。ただし、その流れはその後も残ったが、反科学主義のまま存続したのではない。一九八〇年代以降、〈新しいグノーシス主義〉には、反科学主義の色彩を持たない流れが付け加わってくる。電子メディアの時代が始まるのだ。電子メディアが、身体性の消失、少なくとも身体負荷性の軽減を目指している以上、現代は電子化されたグノーシス主義の時代ということもできよう。グノーシス、天使主義、電子メディアの三者が、簡単に重なり合うと考えるのはあまりにも楽天的かもしれないが、時期を同じにする現象であれば、そこに鍵があると考えることは、少なくとも仮説としては成り立つはずだ。

では、本来のグノーシス主義とは何なのか。とりあえず、「キリスト教の異端思想。人間が肉体・物質世界から浄化され自分が神であることを認識することで救われると説く」(『広辞苑』)という説明が簡便だろう。要点となるのは以下のところだ。(1)現実世界を悪に満ちたものとして非難し、拒否する、(2)魂と肉体との結合を諫め、肉体から離脱することを勧める、(3)この世界・宇宙の創造者を、悪の張本人として責める、(4)世界の生成と完全な消滅を説く、(5)世界創造者を魂と同一視する、(6)宇宙創造者の魂に、人間の魂と同様の情念を帰す、などである。

グノーシス主義は、混乱と悪に満ちた現実を呪い、精神と身体を分離させ、精神(魂・本当の私)を神のごときものと発想するわけだが、そこにあるのは徹底した破壊衝動である。世界の破壊といっても、必ずしも暴力的な姿をとるわけではない。世界への憎悪、肉体への嫌悪、生命の忌避を実現するためには、人間の世界が存続していくための大前提である「生殖」を徹底的に禁止すればよいのだ。だから、グノーシス主義において、性的禁欲は、愛を地上的なものから神に向け変えるための禁欲ではなく、人類を絶滅させることによって、世界から逃避し、世界を拒否し、世界を破滅するための方法となる。自己への憎悪、世界への憎悪、親への憎悪、肉体への憎悪、性への憎悪、性的快楽への憎悪、それらはすべて一つの思考に帰着するのだ。

グノーシスの神話には憎悪ゆえにかえって耽溺に陥ってしまったためなのか、性的な事件が満ちあふれていた。それどころか、男性原理と女性原理の徹底的対応や子宮としての世界といった発想に見られる性的世界観は、週刊誌的な過激さがあるためなのか、当時の人々の耳目を集めただけでなく、非暴力的な仕方による世界の破滅というイメージを暗々裡に広めることに役立った。世界や肉体への憎悪というイメージは、非暴力性の衣をまとえば、世界の破滅願望を隠すことができる。エロティックな世界観でありながら、エロスを否定した世界観においては、双子の片割れであるタナトスが跳梁するのだろう。エロスが万物を維持する欲望であり、タナトスが破壊衝動・死の欲動であるとすれば、エロスが否定されれば、そこに残るのは破壊衝動だということは理解しにくいことではない。

もちろん、暴力性がグノーシスの教義そのものに満ちあふれているのではなく、かえってイノセンス・無垢を主要モチーフにしていることは指摘しておく価値がある。グノーシス主義は、人間のうちに霊・魂・肉体という三元性を見出し、魂は本来霊の仲間であり、天上的なものなのだが、肉に引きずられて、物質的世界に幻惑されていると考える。そこには、肉体を滅ぼせば、魂は自分が霊的なものであることに目覚め、霊とともに天上に還っていくというモチーフが見られる。換言すると、グノーシス教徒は、本来霊的であるが故に、どのような行いに関わろうとも、ちょうど黄金が汚物の中にあっても、汚物が黄金を害することができず、黄金はその美しさを失わず、自分の美しさを守り抜くと同様に、穢れることなく、霊的実体を失うことがないために、確実に救われる、という信仰を持っていた。原初にあったイノセンス、いかなる行為によっても損なわれることのないイノセンス、そのイノセンスが救済の根拠となるという構図は、実は現代にも見られる。

グノーシス主義は、要するに、世界を巨大な悪と見て、それを拒否あるいは逃避して生きようとする考えである。これに類する発想はたくさんあるが、顕著な現代的形態は、宮台真司が喧伝した「テレクラ売春」、「ブルセラ」、「援助交際」、「オヤジ狩り」をキータームとする女子高校生の生態に垣間見られるという指摘がある(大貫隆『グノーシスの神話』)。

「この「輝きを失った混濁した世界」には宇宙的な調和も、未来の希望も、魂の内なる輝きもありません。一切は意味を剝奪され、すべてが淀む灰色の世界。それが「終わりなき日常」の原風景なのです」(宮台真司『世紀末の作法』)。このような世界把握は、世界拒否と世界逃避の一つの現れだ。どうしても逃げたい世界、いやそれが学校であれ、家庭であれ、逃げ出せない状況にある場合、そこに「灰色の世界」しか見出さないことは、受動的に世界を拒否し、そこから逃避することでもある。グノーシス主義には、無限の価値を持った本来の自己というモチーフもある。「オヤジをカモり、徹底して戦略的に振る舞う現実の女子高生たちにとって、オヤジという存在は「汚れ」かつ「世界を受容した者」の象徴だ。そのオヤジ相手に売春しまくる彼女たちは「汚れ」てはいても、「世界を受容していない」。その意味でイノセントな存在だ」(宮台、同上書)。

要するに、すべて世界が悪くて、自分たちは無垢だという発想だ。そのような見方から無気力やシラケが生じても来るのだが、ここにも存在へのテロリズムがある。無気力は多くの場合、怒りや攻撃衝動を抱えているからだ。古代のグノーシス主義は、確かに神を中心とはしていたが、至高神が実は人間の本来の自己の別名にすぎないのであるから、「絶対的人間中心主義」ということになる。しかも、私は神なのだという認識によるばかりでなく、人間の生の繰り広げられる世界を拒絶しようとするのだから、同時に独我論にもなってしまいやすい。その場合、独我論以上に暴力的な発想は存在しないだろう。ただし、現代のグノーシス主義には、本来の自己は神だという発想、神への憧れはあまり見られないようだ。本来の自己が、せいぜい無垢の存在か、計り知れぬ破壊力を持った「エヴァ」だという発想ならばある。したがって、そこには緩和されたグノーシス主義があるのであり、天使主義と整理した方がよいところもある。

ここでは、グノーシス主義と天使主義をほぼ同じ潮流にあるものとして互換的に用いるが、無垢で弱いものという自己把握から生じてくる世界の破壊、受動的には世界の拒否がどのようなメカニズムを有しているかということが問題だ。そこには何かが決定的に欠落しているのだ。その欠落は、この百年や二百年で成立してきた欠落ではないのかもしれない。欠落してしまったのは、欲望の文法ではないのか。古代のグノーシスが禁欲、欲望の消去を目指し(性的放縦があったという伝聞を忘れるべきではないが)、現代のグノーシスが性的放縦に陥っているように見えながらも、さまざまな点で呼応するとすれば、そこに共通の欠落を見出すことができるかもしれない。

2 欲望の構造

欲望は、希望と同じように本来臆病なものだ。欲望は自らが弱いものであることを知っているがために、欲望をもつ人間が欲望を恥じるようにし向け、自ら隠れる。その場合、うまく身を隠した欲望は、欲望の持ち主に、他人がその欲望の存在を知ることを恐れるようにしむけ、何かが隠されていることを示すことで、自分の存在を示す。だからこそ、欲望の主体は、欲望が存在しないときも、存在していると錯覚できることになる。隠されていることが欲望のしるしとなれば、欲望が不在であっても、あたかも存在しているかのような仮象を与えることができるのだ。一番重要なのは、欲望の主体に、欲望が不在のときも、欲望を所有しているように誤解させることだ。つまり、忘却を強制されながら、その強制をも忘却しなければならないシステムの中に身を隠すのが欲望の本質なのだ。そうでなければ、我々は欲望の主体となり得ないし、そうであるがゆえに、罪が不在であっても、罪悪感を起こすことができる。

欲望の弱点は、欲望の持ち主にとっては、その欲望がいかに私的で、特異的で、恥じるべきで、隠されるべきものであるように映じているとしても、すべてあまりにも一様で、退屈なぐらいワンパターンで、月並みで、凡庸なことだ。いかに異常に見える欲望も凡庸である。凡庸さが知られることを恐れる者は、他者から自らを隠すことをたくらむ。隠すことによって独自性を保つことができるからだ。その際、罪悪感もまた、欲望の凡庸さを隠す、巧妙な仕掛けである。罪悪感の存在は、自己の存在を、世界から際だったものとし、自分が世界で唯一のものという感覚を与えることができる。罪悪感と欲望は敵対するものではなく、裏で結託した共犯者なのである。罪悪感こそ欲望を守り育てるための感情の形式なのだ。人間が欲望に対して貪欲であり得るのは、罪悪感を持っているためなのだろう。

しかしながら、欲望の持ち主・主体が、罪悪感・良心と欲望の共犯関係を意識することがあってはならない。自分が選んだことが、外から強制されたものとして与えられることを望んでいるためなのだろうが、この隠された共犯関係を「欲望の文法」と言うこともできるだろう。このような欲望の形式はいかに形成されるのだろうか。

まず考えなければならないのは、自然的欲望の形式である。自然的欲望の場合であれば、与えられている目標は、個々の人間に予め与えられている生理的・身体的条件と連関している。睡眠不足であれば、睡眠を欲し、空腹であれば食べ物を欲する。この場合、欲望を他者から学ぶ必要はない。生理的に何かが欠如している状態から、当の対象に向かうことは法則的に決まっており、その法則は外から与えられる必要がなく、肉体に初めから備わっている。初期条件と、人間が置かれている身体的状況のなかで、欲望の対象は自ずから与えられ、それを求めるべく、人間は駆り立てられる、ということだ。その場合、外から強制されることなく、「自ずと」対象を欲するということになる。このような欲望においては、欲望が発生するとすぐに、欲望の対象は初めから明確な姿で与えられることになる。したがって、自然的欲望において、欲望の対象が何であるのか迷う必要はない。

さらに、自然的欲望を充足の可能性という点から見てみよう。もちろん、すべての欲望が充足されるわけではない。充足し得ない場合というのは、まず、そもそも欲望の対象が現実にあり得ない場合、または実現が困難な場合である。もちろんそれだけではなく、欲望の対象を誤認したり、曖昧にしか認識していない場合にも生じる。幼児が眠くなって、何か食べたいとぐずり、食べ物を手に入れても、泣きやまない場合がそうだ。いずれの場合であっても、欲望を充足する可能性の条件は整っている。欲望の対象が現実的に得られるかは別にして、少なくとも対象が与えられれば、欲望が充足する形式、充足可能性の形式はそこに見られるのだ。欲望充足の形式は、対象の獲得からは独立しており、充足の形式の確立そのものが、ある種の欲望(メタレベルの欲望)を充足するのである。

ところが、はじめから充足する可能性の形式を備えていない場合がある。普通の酒好きの人間と違って、酒を飲む行為そのものを求めているかのように、酔いつぶれるまで酒を飲む人間がいる。彼らは酒のおいしさなど関係なく、自分への憎悪のためなのか酒への憎悪のためなのか知らないが、酒を飲む行為に耽溺する。これは対象の獲得が困難であるからでも、対象が曖昧なためでもない。アルコール中毒は、アルコールを欲望しているのではなく、他者を破壊したい攻撃衝動を、自分への破壊衝動に向け変え、酒を痛飲することで晴らしているのかもしれない。

そこにあるのは、欲望を成立させる初期条件も、欲望の対象もありながら、充足する可能性を持たない欲望、要するに、欲望の充足する可能性の形式を備えていない欲望だ。このような欲望において、何を求めるかが問題なのではない。求めたものが手に入っても、心が渇いたまま、充足しないままであること、そこに問題があり、しかも充足できると思われた対象の獲得が失望しか生み出さず、「欲望の達成」によってより深い失望につながることが問題なのだ。もしかすると、どのようなものが得られても充足しないままでいるという罰を自分に課しているのかもしれない。そこでは、欲望は欲望自身に向き直り、欲望の形式を享受することなく、欲望の対象にのみ拘泥し、しかも対象からは失望しか手に入れられない、という構図がある。充足の可能性の形式、ここに現代における欲望の問題の要があるようだ。

話を戻そう。先ほどのところでは、自然的欲望の文法について見てみた。自然的でない欲望の場合はどうなのだろう。自然的でない欲望としては、名誉心、金銭欲、所有欲、支配欲、権力欲などがある。そして、性的欲望・性欲もまたけっして自然な欲望ではない。自然的ではない欲望、これを「人間的欲望」と言うこともできるが、この欲望において、その機序においても、充足の可能性の形式においても、対象においても、虚構の側面が満ちあふれている。

「欲望とは何か」とか「性的快楽とは何か」ということが公に論じられることは少ない。欲望や性的快楽が自明視され、いや自明視するように強制されているためなのだろう。だからなのか、「私は誰にも負けないぐらい性欲があります」という「青年の主張」の放送をまだ見たことがない。「私とは何か」という問いを考えていくと、答えが見えなくなるのと同じで、性欲も快楽も、勇気や正義感と同じように、あやふやな弱いものだ。

3　欲望の己有化

欲望とはなぜこのように弱いのだろうか。もちろん、「弱い」というのは、はかなく、すぐ消えていく姿を述べているのではない。安定した状態、欲望の場合であれば、目的を完遂した状態が消失であり、自己を完成させることが自己を消滅させることにもなるが、こういったプロセスは、決して単純なことではない。「弱さ」は、メカニズムの複雑さによるのだろう。

欲望が弱くはかないものであるとすれば、どのようにすると守り育てることができるのか。それは逆説的なことだが欲望を禁止することによってなのだ。その場合、欲望を禁止することは、欲望を消滅させることではない。

禁欲といえば、中世が世俗外禁欲で、近世が世俗内禁欲であるという整理が思い起こされるが、禁欲が欲望の消滅を目指したものでないことは最初に確認しておくべきことだろう。中世は、静謐な祈りの時代というイメージで捉えられることも多いが、欲望が現代よりも少なかった時代というわけではないだろう。中世においても、禁欲とは様々な欲望を一つの対象に集中することであったからだ。

ここでもスコラ哲学的に話を進めよう。生命が一つの欲望である以上、そして地上の生を絶滅させることが至福の状態であると考えるのでない限り、欲望が存在することは現世が存続するための必要条件である。その際、存立の必要条件が悪、つまり必要悪なのかは問題ではない。重要なのは、必要条件を悪として語る言説が、なぜ流通しているのかということだ。その背景にある、欲望を悪と見なすことの一つの源泉は、人間的欲望が、欲望への欲望であるということである。

動物は、自らのうちに欠如したものを補うために対象を求める。空腹であれば食物を、乾きであれば水分を求める。「もの」への欲望を持つことがその特徴だ。しかし、人間は何も欠けていないのに欲望することができる。人間は友達が手に入れたおもちゃを見て、そしてカタログを見て何かを欲しがることができる。嫉妬・羨望において、対象が求められているのだろうか。いやそうではない。求められているのは、他者の欲望であり、場合によっては自分への他者の欲望を欲望することも生じる。「愛されたい」という欲望が一番分かりやすいだろう。他者が自分を欲望していることを欲望しているのだ。愛されたいという気持ちを持たせてやりたいという、保護者的な思いとなると、欲望への欲望への欲望となり、重層的な欲望となる。このように、重層的な欲望はけっして珍しいものではない。

では、欲望への欲望はいかにして学ばれるのか。多くの人は、欲望を主体と対象を結びつける単純な直線で表現する。主体は、自発的かつ自由に対象を欲していると思う。欲望とは、自分に固有なものであり、他者に隠された「穢れた欲望」の場合であれば、自分の最も深いところにあり、自分に刻み込まれた、打ち消しがたい罪悪のように感じる。罪深い欲望でも、普通の欲望でも、それを生み出す源は主体の内にあり、そして罪を引き起こし、誘惑するものは、対象の内にあると捉えられることが多い。その場合、誘惑に負けた自分の弱さに後悔するということは少なくない。

しかしながら、そもそも人間は欲望の主体となりうるのだろうか。もしかすると、自分に穢れた欲望が宿っていると感じることで、自らが欲望の主体となれたと思うこと、そしてそのために罪悪感を持つことそのものが、傲慢な思いなのかもしれない。というのも、主体は自らの欲望を、対象との間の関係だけに基づいて抱くことはできないからだ。

生理的欲望・欲求の場合であれば、対象との間に、何も介在させないで欲望を持つことができる。しかし、人間に関わる欲望は、ルネ・ジラールに従えば、欲望の主体と欲望の対象以外に、欲望の媒体・手本・モデルが必要となる。そして、ここでの「手本・モデル」とは、自分がそうなりたいと思っている他者、その人の欲望を模倣しようとしている他者である。ここにある「欲望の三角形」においては、欲望の主体―欲望の媒体―欲望の対象といった、三項関係が成立し、主体は対象を欲望していると錯覚しているが、実は媒体の欲望を模倣しているにすぎない。「虚栄心をもった男が、対象を欲望するためには、彼に影響力をもつ第三者によってすでに欲望されているということを、その男に知らせれば十分である」(ジラール『欲望の現象学』)という場合を考えてもよい。また、恋愛をめぐる相談の多くが三角関係であるということでもよいだろう。そもそも欲望があったのは、媒体・モデルにであって、その欲望を源泉にして、借り入れているにすぎない。主体は、自分がモデルのようになりたいという憧れを打ち消し、模倣しているにすぎないことを否定するために、モデルの方を、自分の欲望を邪魔するライバルと捉え、ライバルに敵対心を持つ。背後にあるライバルへの憧れと、表面にあるライバルへの敵対心と憎しみ、その両価的な苦しみ、しかもこの世の中でこれほど苦しんでいるのは自分しかいない、という自惚れがそこにはある。これは日常ごくありふれたことだ。手に入りにくく、他人がほしがっているものは、その対象に興味なくても、欲しくなる。もちろん、この三角形にとどまる限り、ライバルに勝利し、対象を獲得したとたん、三角形も欲望も消滅してしまう。

以上のことを簡潔に述べれば、欲望とは他者の欲望の模倣であるということだ。自分の内の秘められた欲望、それは借り物なのだ。自分のものでないことに、半ば気づいているために、主体は自分のものであることの偽りの証拠として、自分に対して、苦しんでいることを演技しているのかもしれない。苦しみとは、一般に、自分が或る問題の当事者であることの証拠となることだ。自分のことでなければ、誰も苦しまない、苦しんでいるとすれば、苦しんでいる以上、自分の問題だと思いこめる。
重要な論点はその先にある。欲望の源泉が他者にあるとしても、欲望は個体化され、欲望の安定した帰属先を探し、そこに住まう方法を見つけなければならない。換言すれば、欲望は「己有化」されなければならない。他者の欲望によって支配されている「主体」が、欲望の真の源泉であって、その欲望を支配しているといえる枠組みを、欲望の方が供給しなければならない。だからこそ、欲望は外国語と同じように学習されなければ、身につくものではない。欲望とは一種の能力なのだろう。

欲望が主体に帰属するための最も大事な条件は、外部に由来するものが、内部に取り込まれ、起源が忘却され、内部から沸き起こること、いや自ずから沸き起こることだ。その場合にこそ、欲望は自分の欲望となる。欲望を模倣したとしても、対象の獲得によって、喜びが込み上げてくるのでなければ、欲望の主体となったといえないだろう。起源を忘却すればそれだけでよいのかといえば、そうではないだろう。望ましい対象の獲得によって、喜ばしいことが生じたと認識するだけでなく、「喜び」の感情が伴わなければならない。感情が、認識や推理によって必然的に生じることではない以上、認識と感情の間には乖離があり、その乖離は媒介されねばならない。乖離を媒介することと、欲望の己有化は重なることだ。普通の人間がこともなげに行っていることも、一部の人には困難な課題となる。欲望の己有化・個体化には、存在論における個体化の問題の困難と同じものが潜んでいるのかもしれない。

4　欲望の充足可能性

ここまで述べてきた欲望論の枠組みは、「欲望論」という名前そのものが、定着していないことを見ても分かるように、かなり新しいものである。哲学において、欲望が中心問題となることはなかったからである。欲望は、せいぜい近代的個人が登場して以来、つまりルネサンス以降において重要な問題になるというようにも見える。

しかしながら、トマス・アクィナスの『神学大全』第二部において、人間の情念が扱われ、欲望・性欲の問題にずいぶん紙数が割かれているのはどういうことなのか、それどころかアウグスティヌスの『神の国』において、人間の欲望があれほど扱われているのを見ると、近代の方が見ないフリをしていたようにも思われる。とにかく、中世とは人間性が抑圧され、宗教が生活の隅々まで支配していた暗黒時代だったというのは、当を得たものではないだろう。

さて、人間的欲望においては、欲望の対象は始めにおいては、曖昧な姿でしか登場しない。対象のあり方が曖昧なもののためなのだろうか。人間的欲望において、その対象は、常に他者から与えられる。そのとき、一つの問題点として、人間的欲望においては、欲望を充足するための能力・形式が与えられて、欲望の姿が明確になるとともに、同時に欲望の対象の姿も明確になっていくということがある。若者が「自分が何をしたいのか分からない」、「自分の夢が分からない」というのは当然のことだ。なぜならば、人間的欲望は、充足の形式が整っていくにつれて明確になっていくのであり、その欲望において、対象を獲得することが快楽の頂点を形成するのではなく、充足の形式を整えていく過程が、欲望の享受ということを引き起こすからだ。欲望は、欲望の充足の形式が漸進的に形成される過程の最後の段階において、確定した姿をとる。つまり、人間的欲望において、欲望は一番最後に現れる。その欲望を初めから確定したものであると考え、欲望の対象はぼんやりしか見えないことにいらだち、既製品の目標を欲望の対象とすることは、天使主義に陥っているのかもしれない。

なぜ欲望においても天使主義が広がっているのだろうか。現代は、「もの」に満ちあふれている。現代は、欲望が人間に満ちあふれた時代にも見えるが、逆に欲望を満たす対象はふんだんにあり、そのためにかえって欲望が不足している時代なのだ。ところが、大量消費社会においては、かつてより消費の欲望が増加していなければならない。豊かさのなかで、豊かさゆえに、欲望において貧しくなるように人の心を動かさねばならなくなる。貧しき者は幸いなのだろう。さもなくば、消費社会は成り立たない。大量に「もの」があふれている時代で、欠如・不足に基づかないで、欲望を喚起するにはどうしたらよいのか。

欲望の対象における戦略が使えなければ、欲望の充足の形式に訴えるしかないだろう。欲望の充足の形式に訴える戦略は、基本的に人間的欲望のすべてに適用できるものである。というのも、人間的欲望の対象は、「もの」が事物として不足していることから生じるのではなく、「もの」を記号と見なし、そこに意味や価値を付与することから生じるのだから。つまり、人間的欲望においては、自然的欲望の場合と同じように、不足している、欠如しているが故に、その対象を求めているのだというように、欲望の持ち主に思いこませながら、充足の形式においては、自然的欲望と違ったメカニズムで欲望を喚起しているからだ。そして、理想的な欲望喚起システムは、対象を獲得することで、より多くの欠如を生み出すものだ。このシステムの中では欲望は死ぬことがない。

欲望の充足の形式についての考察は、中世における欲望論にひとつのモデルを見出すことができる。キリスト教倫理においては、七つの大罪(capital sins)があるとされ、以下のものが含まれる。原語はラテン語、英語の順で付しておく。高慢(superbia, pride)、貪欲(avaritia, avarice)、嫉妬(invidia, envy)、大食(gula, gluttony)、怒り(ira, anger)、怠惰(acedia, sloth)、淫欲(luxuria, lust)。

それぞれについて、定義を述べるまでもないだろうが、誤解が生じないように、説明を付しておく。

高慢——自分の卓越を目指す、度を越した欲望
貪欲——人間の生活の中で用いられるものへの、過剰な欲望
嫉妬——自分の卓越を損なう場合に、他者の善を悲しむこと
大食——食べ物への過剰な欲望
怒り——目の前にある取り除きにくい悪への感情で、本来は「怒りっぽいこと」
怠惰——肉体を働かせるために、心を使うことをしたがらなくなる悲しみ

淫欲——満ち足りることなく、貪るように性的快楽を欲求すること

これらをさらにどう区分するかでは、スコラ哲学内部でもいろいろあるのだが、七つの大罪の基本的理解ではそれほど違いはない。これらの罪は、もともとの欲望としては、例えば大食の場合は、食欲が原型であって、対象は飲食物であり、欲望の目的は個人の生命の維持である。貪欲の場合、その原型は金銭欲であり、対象は富である。すべてについて記す必要はないだろうが、淫欲に関して述べておけば、淫欲の原型は性欲であり、対象は性的結合であり、目的は種の保存である。トマス・アクィナスは、「淫欲とは、性的行為における快楽への欲求において、過剰という、秩序からの逸脱を引き起こすものである」と述べている。英語の lust は肉欲とも訳されるが、要するに、制御されていない、異常な性的欲望のことである。

ところで、七つの大罪が罪であるのは、対象の選択に関してではない。対象の選択に関しては普通の欲望の場合と同じであり、大罪たる理由は見あたらない。では、欲望の始まる条件、つまり生育環境・家庭環境・遺伝因子に関して異常なのだろうか。現代においては、欲望に関する異常を遺伝因子や母体内環境などの生得的条件に求める論調もよく見られるが、中世ではそのような「生まれつき呪われている」と考えるような論点は見られない。では、どこに罪があるのか。トマス・アクィナスによれば、七つの大罪が罪であるのは、節度・節制・中庸を逸脱しているからだ。節度を守ることは案外難しいことだが、節度とは、肉体の健康を損なわない限りにおいて、社会の秩序を犯さない限りにおいて、法律に抵触しない限りにおいて、律法に反しない限りにおいて等々、様々

に考えられるが、どれなのだろうか。このことは、七つの大罪において、度を越すことがなぜ罪なのかを考えることから示される。

トマスによれば、欲望とはある目的に秩序づけられているものだ。この目的連関の関係は秩序連関(ordinatio)と呼ばれる。「秩序連関」という関係において、作用と対象を取り出した場合、対象が作用の方よりも、優位に立つとされる。秩序連関(ordinatio)とは、ordo(秩序、順序、命令)が見出されることだが、対象の方が先立ち、作用の方にいわば「命令」し、そのことによって、作用が秩序の中に収まる、ということだ。

欲望は、このような目的への秩序づけによって、尺度と限界が与えられる。たとえば、我々が空腹のとき、食べ物を欲するのは、食べることや食べ物が目的なのではなく、空腹がいやされるためだ。満腹になっても、嘔吐してまで、ひたすら食べ続けることが食欲の目的ではない。言い換えれば、空腹には自然的限界が与えられている。体が動かなくなるまで食べ続けたり、満腹になって嘔吐する動物は聞いたことがないから、秩序に反して(inordinate)食べるというのは人間だけがすることだろう。

ところで、限界を越えること、度を越すことは、節制に反し、秩序連関、その中でも特に目的連関の秩序を破壊してしまう。目的連関の中に収まる限り、フィードバックが作用して、限界を越えてまで、欲望が残存することはない。ところが、この目的連関からはみ出れば、もはや欲望を制御する機能は働かず、欲望は果てしない自己増殖を繰り返すことになる。食べ続けても、嘔吐し続ければ、胃壁はただれ、歯がボロボロになりはするが、どこまでも食べ続けることができる。いや、食べ続ける自分への嫌悪感を忘れるために食べ続けるしかなくなってしまう。

その場合、欲望は、対象を獲得しても休止することなく、自己目的化し、食べること自体が目的となってしまう。そういう場合、食欲はもはや食べ物を対象とする必要はない。ピンポン玉にひもを付けて飲み込んだり吐いたりしても効果は同じだろう。歯止めなく、繰り返されることが要点であれば、髪の毛を抜き続ける行為でもよいだろう。同じことは、性欲に関しても、名誉欲に関しても、金銭欲に関しても言える。

このように、対象によって安らぐことなく、歯止めなく肥大する欲望は、当初の欲望の姿とは異質な悪魔的なものに変わってしまう。自然的限界が機能するのは、人間の肉体に生理的な限界があるからなのだが、目的連関の秩序からはみ出したとたん、人間は肉体を有するのに、肉体を持たないかのように振る舞ってしまう。生理的限界に「なぜ？」という問いを突きつけ、その答えのなさ、その結果、「なぜ？」という問いが刃、しかも諸刃の剣となって、人間の限界を突き破ってしまう。確かにご飯を三杯食べて満腹にならねばならない理由はないのだから。そして、おのれの肉体を破壊したり、他者や共同体の秩序を破壊しても、いかなる充足を味わうこともなく、自らも苦しみ他者を苦しませ、なおも破壊を止めることなく、暴走し続ける。欲望が己有化されることなく浮遊したままで、しかも充足の可能性を初めから喪失した状態であるならば、それこそ不死の欲望、永遠に自己増殖する欲望として生き残ることができる。その欲望が消費に向けられるならば、破産するまで消費しようとする「理想的消費者」を生産できることになる。七つの大罪の議論も、この悲喜劇的事態を預言していたのだろう。このような歯止めない欲望に汚染してしまった人間は、自己の終末か世界の終末かを期待するしかないのだろうか。それともそういうことは放置しておくべきことなのか。

ここで、大食であれ淫欲であれ、他者に害を及ぼさなければ、「大罪」ではない、という反論も考えられる。善良な市民としての生活を送りながら、人に知られず大罪の時間を持つとすれば、それは個人的な罪で、大罪に及ばないのではないか、という考え方である。

しかしそれは、貨幣の偽造に似ているところがある。誰もが見破れない精巧な偽造貨幣であれば、受け取った者も被害を被ることはないし、そして露見することなく、社会において流通するとすれば、大罪ではなさそうだが、各家庭が卓上貨幣製造器を所有したらどうなるのか。マクロに見れば、通貨の流通量の膨張ということのようでも、ミクロに見れば、貨幣が自分の価値を自己否定することになっているのだ。自分を壊すことが最大の罪だというのはそういうことだろう。

七つの大罪は、言葉の文法違反や偽金作りと同じように、そして自殺と同じように、ミクロなレベルにとどまる限り、私的なものである限り許容されるのではなく、それ自体で、ある普遍的なものの破壊であるがゆえに、大罪なのである。「私」とは世界にとって偶有性ではないのだから。

話を戻すと、肉体があるかぎり欲望には限界がある。しかし、肉体を失った状態では、記号の差異が歯止めない欲望を生み出す。たとえば、ある特徴が性的差異の記号となれば、その記号がどんなものでも欲望を引き起こすこと、つまりフェティシズムに陥ることができる。時代が進めば、電話帳から女性の名前を、いやそれどころか、仏和辞典から女性名詞だけ切り取って、悦に入る人間が出てくるかもしれない。エロティシズムとは本質的に、一つの言語であり、一つの記号体系であり、ひとつの象徴体系であるからだ。その姿は倒錯じみているが、「正常」な人間と大差はないのかもしれぬ。過剰なる記号作用は、七つの大罪が過剰なる欲望であることによって、欲望の自己壊滅を導くように、意味の消失をもたらす。

肉体が欲望の源泉で、しかもそれゆえに罪の源泉であるというのではない。欲望はそれ自体では罪も穢れもないものであって、罪や穢れに転じてしまうのは、欲望が肉体から浮遊し、人間的尺度を逸脱すること、限度を受け付けないことによる。肉体の存在こそ、欲望に正しい路を歩ませる保障なのである。

もし肉体が大罪への歯止めであるとすれば、肉体が罪の源泉であるなどという発想はどこから生まれてきたのだろうか。七つの大罪が大きな罪であるのは、欲望の充足可能性を破壊してしまうからだ。七つの大罪に陥ったとたん欲望は秩序から逸脱したもの(inordinatus)として、人間に制御できる欲望ではなくなってしまう。その際、七つの大罪を措定することは、決して欲望の腐海を絶滅しようとしているのではなく、人間を守り育てるものに引き戻そうとしているのだ。

では、大罪に陥らないようにするにはどうすればよいのか。七つの大罪は、それぞれある欲望を基本型としていたが、大罪を予防するためには、萌芽となる欲望を消去する方法も考えられるが、肉体がある限り欲望は残る。欲望の対象を断念すればよいのか。ここまで見てきたように、大罪は対象との間の目的連関を失うことで生じていた。対象の断念は必ずしも大罪の予防策とはならない。大事なのは、欲望が秩序連関(ordinatio)の内部にとどまり、充足する形式を維持することだ。充足する形式には、快楽が伴うが、快楽とは外から与えられているように見えて、内部から湧出するものなのだろう。受動的なものでも能動的なものでもないのかもしれない。ここで、快楽の形式について考察しておこう。

5　快楽の技法

中世では、肉体を罪の源泉と捉える発想は馴染まないことを見た。しかしながら、中世史の研究家が主張するように、中世では性的快楽に代表される肉体的快楽は徹底的に抑圧されていたと述べられることも少なくない。セクシャリティに関する研究が進む中で、中世における異様なまでに厳格な禁欲主義は、非人間的な欲望観として、批判的に言及されることは少なくない。しかも中世では、修道院において、厳しい禁欲的生活が営まれていた。そこでは、肉体性を脱することが、罪や穢れから免れることにつながるという発想が前提されていたと見えないでもない。

それはともかく、なぜ人間は、肉体から湧き起こる快楽を罪悪と見なすのだろう。罪悪感は、行為の後においては後悔の念を引き起こす。罪悪感は、未来の行為に対する倫理であるより、過去の行為への贖罪だ。過去の行為への贖罪が、繰り返される未来の行為へと向けられる場合、それは反復強迫を引き起こし、同一の行為を繰り返すことがそれ自体で逸脱となり、何度も繰り返されることでさらに大きな逸脱になっていく。そして、同一の行為を繰り返しながら、退屈な反復に堕することなく、増大する逸脱によって、ますます大きな快楽を得ることができる。罪悪感とはマンネリに陥ることなく、退屈な日常から大きな快楽を得ることのできる、案外打算的な心的メカニズムだ。性への罪悪感ゆえに、性の罪悪を重ねずにはいられない人間は、嗜癖の手法を体得した、計算高い人間だ。罪悪感を悪用することで、無際限の快楽が得られるのだ。

性の快楽を禁止することは、予想に反して、性の快楽を享受するための手段にもなる。人間の心はずいぶんしたたかなものだ。禁止規則を守ることによって、規則を破った場合よりも、大きな快楽が得られるメカニズムを見出すことができる。もしそうでなければ、禁欲主義の徹底した時代において、本来残るはずもなかったが、偶然残った懺悔録に、あれほど懺悔の涙という衣装をまとった多くの快楽の記録がなぜ残っているのだろうか。とはいいながらも、中世の禁欲主義の偽善性を主張したいのではない。中世の禁欲主義の欺瞞性・異常性を指摘する人間は、宗教におけるオリエンタリズムみたいなものに陥り、近世以降に始まる別の種類の禁欲主義の陥穽を見落としているのではないかと言いたいのだ。欲望の己有化とは、当人をして欲望の主体たらしめることであり、起源の忘却と抑圧を含んでいるが、その忘却と抑圧によって、欲望は単に「……したい」ことにとどまらず、「……せずにはいられない」というものにもなる。「……せずにはいられない」(衝迫)は、外からの働きと内からの働きが相半ばするところに生じる。その結果、責任転嫁も起きやすくなるのだが。

ところで、快楽を究極目的とすることは、悪魔の所業なのだろうか。一見すると、快楽が究極的善とは言いにくいから、そういうものは究極目的としてより手段と考えた方がよいようにも見える。快楽もまた、欲望と対象の間に成り立つ、目的連関のうちにある以上、「秩序連関」において考察するしかない。

中世においては、快楽は「使用」されるべきで、「享受」されるべきでないという言い方がある。対象を享受するとは、その対象を究極目的として遇するということだ。でも究極日的とは何だろう。もちろん、究極目的といっても、その実現のために人類の英知と労働が向けられるべき理想の状態のことではない。ここでは、究極目的とは「なぜ?」と問われて、答えを出せないようなもの、自己目的のことだ。食べ物であれ、人間であれ、趣味であれ、「おいしいから、好きだから、楽しいから」などの答えは答えのようであっても答えになっていない。「なぜ山に登るのか」「そこに山があるから」というのも同様である。その対象に価値を置くことの言い換えでしかないからだ。この「使用」と「享受」という対立概念は、きわめて中世的な概念であり、中世的心性を理解する場合に不可欠なものである。近世以降廃れていってしまったが。

この枠組みを基礎づけたアウグスティヌス(三五四―四三〇年)は、次のように述べる。「享受する(frui)とは、あるものをそのもの自体のために(propter se)愛し、愛によってそれに固着することである。他方、使用するとは、君の愛するものが愛に価する場合、その愛するものの獲得を目指してそれを使用することである」(『キリスト教の教え』)。農作業を例に取れば、労働は、それ自体に価値があるのではなく、収穫物・果実を目的として営まれる行為であり、人は収穫物・果実(fructus, 英 fruit)を享受する(frui)と言われる。要するに、労働は使用されるものであり、収穫物は享受するものである。その相違は他のものとの関係なしに、それ自体でわれわれに喜びを与えるか否かにある。もちろんのこと、使用をまったく伴わない享受、つまり純粋の享受ということはない。享受には必ず使用が伴う。

一般的に述べれば、手段・道具は使用され、目的は享受されることになる。この使用と享受という対比が適用されるのは、他者との関わりにであり、たとえば「人間は自己の存在を享受すべきでなく使用すべきであり、他者の存在は使用すべきでなく享受すべきである」と語られる。

使用と享受の対比が意味を持つのは、人間の行為における目的連関のプロセスが、無限連鎖ではないことに由来すると思われる。最後に得られる目的が、至高の目的であるならば、先立つ行為が手段で、後続する行為が目的である。この後続する行為も後に来るものの手段となるような連鎖がドミノ倒しのように成立すればよいが、人間の生において最後に得られるもの(死、場合によっては世界の終末)が至高の目的とは言えるはずもない。目的を先送りにするような枠組み、後件が前件を意味づける枠組みは最後には破綻してしまう。使用と享受の枠組みでいえば、自己の生を「使用」すべきであると述べることは、生を「使用」の連鎖、手段‐目的の連鎖に還元しようとするのではなく、逆にそのつどの行為における「享受」の可能性を示したものと読むこともできる。

目的連関の無限の連鎖を断ち切るものとして、徳の報酬を結果においてではなく、行為そのものに見出す思考がある。「徳」の定義をここでしようとは思わないが、少なくとも「隣人愛」をそこに含めることはできる。隣人愛が「情けは人のためならず」ということではなく、行為そのものに報酬が内在していることであるとすると、隣人愛には目的連鎖に拘束されない「享受」が見られることになる。ここに、人間の欲望は、欲望への欲望であったことを付け加えてもよい。その場合、生は「使用」の連鎖ではなく、「享受」の連鎖となりうる。さらに、目的は当初から明晰に与えられているものではなく、過程において徐々に現象してくることが多い以上、目的連鎖によってのみ行為を意味づけることは、実践的格率として不適切である。

さてこのように見た場合、快楽を「使用」する、つまり手段として扱うことは、快楽に翻弄されない「清らか」な生き方にもなるのだろうか。快楽は、フロイトによれば、緊張状態からの解放のこととされる。奇妙な説明にも思われるが、空腹であれ、性欲であれ、快感を突き詰めて考えて、それ自体で定義しようとするとそうなってしまうのだろう。現実的な感覚のレベルで考えれば、確かにその程度のものだ。現代であれば、脳の状態として記述する径もあるが、それは快楽のプロセスの終端の物質的状態という結果であって、プロセスの記述としては抜け落ちるところが多いと思われる。それはともかくとして、フロイトが快感を定義する場合、緊張からの解放を語ることが多いとしても、性の欲動は障碍として現れ、絶えず緊張を伴い、そこからの解放が快として受け止められるということの方が主眼だったとも思われる。つまり、快を求めることが行為の中心をなすとしても、快そのものに快を求める欲望の本質が見出されるのではなく、快を準備する形式、生活の形式の方が重要だ、ということだ。充足の可能性の形式の方が重要なのかもしれない。充足の結果与えられる快楽は、私が見ている「赤色」と他者が見ている「赤色」を比較できないのと同じように、他者の快楽と比較できない、したがって言説の秩序の中に収まらないということだけでなく、充足の可能性の形式は、人間の欲望が欲望への欲望である限り、それ自体で享受の対象となりうるものなのである。卑俗な例でいえば、「恋愛をしたい」という欲望や「生きがい」を求める気持ちはそういうものに近い。

充足の可能性の形式にこだわるのは、充足の結果にこだわるとしても、欲望の対象の獲得は偶然的状況に左右され、思い通りにならず、結局対象によって翻弄され、対象に隷属することになりやすいからだ。もちろん、その可能性の形式が、人間の思い通りになるといいたいわけではないのだが。

このように見てくると、中世とは快楽の拒否された時代、特に性的快楽の拒否された時代であるという常識的な見方はどうなるのだろうか。肉欲の罪深さを盛んに説いた初期教父はたくさんいる。たとえば、オリゲネス、テルトゥリアヌス、アウグスティヌス、キプリアヌスなどなど。そして、中世の贖罪規定書に記された様々な性的事柄に関する禁止、特に性行為において快楽を感じることは罪悪であるという断定を見れば、たしかにそうだったようにも見える。

中世の欲望論、あれだけ豊かに語られる欲望論が示していたことを考えた場合、そこにあるのが、放縦の禁止と中庸の勧めという程度のものとは思えない。痛みや熱さと違って、快感に対応する感覚刺激はない。もし快感がそういった感覚刺激から自動的に得られるものであれば、そこに倫理的なものはあまり関わってこない。快楽には「文法」があり、文法は学ばれなければならないが、あたかも学んだものではないかのごとく主体に根づき、しかも文法がいちばんうまく機能しているのは忘却されている状態であるというのと同じ困難がある。文法が忘却されねばならないというのは、言語を話しているときにはっきり現れてくる。文法を意識し、それに基づいて話している状態では、流暢な話し手になることはできない。

にもかかわらず、「文法」は学ばれねばならない。そして忘れられねばならない。そして「ハビトゥス(習慣)」として定着しなければならない。そういったものを学習させる一つの方法は、初めから抑圧されるべきもの、穢れたものとして教えることだ。だからこそ、快楽にも文法があるということになる。

ときとして、快楽を感覚的刺激の一種として捉え、ある人の快楽を別の人の快楽と量的に比較する人もいる。快楽を大小で考えることも貧乏根性だが、快楽が量的比較になじむものだと考えることは愚かとしか言いようがない。もちろん、快楽が量的に比較できないということが言いたいのではない。確かに、欲望という作用と、作用を充足して得られる快楽、もし欲望がそういった機制を持つのであれば、欲望とは関数のようなものなのだろう。しかし、欲望とは、快楽関数なのだろうか。エロティシズムまで論理学化したい人は、そう考えてもよいのだが、それ以外の人にとって、問題となるのは、作用の結果ではなく、作用を成立させる条件の方にある。
一般に作用が成立するためには、対象またはその範囲が定位され、対象に定位した作用が設置され、そして作用を起動させるための力が備給される必要がある。その場合にやっかいなのは、対象と作用は無関係ではなく、相互に構成し合うものであって、両者ともそれ自体で完結・安定したものではないということだ。

なぜか或る対象がむやみに欲しくなることがある。それは他人が所有していることへの嫉妬・羨望のためであったり、心の空虚さを紛らわせるためであろうと何でもよい。ところが、その対象は、茶碗であろうと、ポケモンのゲームであろうと、なぜそれを求めるのか訊ねられればよく分からなくなるような渾然としたものとして与えられる。ただし、とにかくそこで、欲望の曖昧な対象が与えられ、それに呼応して、曖昧な欲望が現れる。曖昧な対象であれ、そこには作用の充実はある。その充実をより強いものにしようとすれば、つまり作用の強度を高めようとすれば、作用に大きな備給を与えなければならない。そしてそのことは、通例、対象と欲望の分節化を通して行われる。対象において何にこだわるのか、そのようなえり好みが生じるようになる。欲望が自己分節化し、それに連動して対象も分節化して現れることになる。

重要なのは、快楽とは、対象に向けての欲望の備給に相関するものだということだ。たとえば、コレクターが、稀少品を見つけた場合、それが普通の人間にはクダラナイものでも、驚喜する場合を考えればよい。コレクターの快楽は、見出された対象の内に原因があるのではなく、対象に価値を付与しているからであり、価値あるものへの欲望を備給しているからなのだ。備給と快楽は相関しているのだ。

快楽の形式は、次のようになるのだろう。或る対象に備給が行われ、欲望の対象がそこに現れ、その対象を獲得することによって、初発的な快楽が生まれる。その快楽によって、さらに対象への再備給が行われ、より大きな快楽が得られるというように、対象への再備給が繰り返しなされることによって、快楽は強度を強めていく。その際、再備給は対象以外のものに分散されてはならない。対象への集中こそ、快楽のための必要条件だ。

対象への集中した再備給の形式は、トランス状態や法悦状態にも見られるものだ。「享受」が再備給の形式であることは忘れてならないことだ。しかし、強度の亢進は、限度を有し、歯止めなく肥大するわけではない。快楽は自然(natura)から離れることなく、自らの死を予め準備しているのだ。そしてその場合、快楽は贈り物として、人称を持たない他者からの贈り物として与えられる。もちろんのこと、これで欲望の構造が示されたというつもりはない。私としては、快楽が結果のうちにあるのではなく、充足の形式のうちにその過半が準備されていたということが言いたいのだ。

では、七つの大罪をめぐる議論は何を述べていたのだろうか。私はそこに可能性の条件をめぐる議論を見て取りたい。七つの大罪も再備給の形式を持っていた。しかし、大罪においては、対象の獲得がさらに欲望をかき立て、対象から遠ざかってしまうのに、秩序連関に収まる再備給は、対象に近づく。両者の最たる違いは、初期条件を、たとえこの初期条件が仮想的なものであっても、受容するかにあるのだろう。この初期条件は多分に身体に根ざしている。話が面倒になるのは、この初期条件が言葉やコミュニケーションの可能性の条件にもなるからなのだろう。

快楽においても、快楽とは個人的状態ではないのかもしれない。つまり、快楽の交流を考察の中心とした場合、快楽が対象の獲得によって生じる個人的状態ではなく、また、対象の共有によって生じるのでもなく、感覚の共有(そんなことはもちろんあり得ない)でもなく、むしろ、充足の可能性の形式の共振によって生じると考えられるからだ。イデオロギーの共有の場合も、似たところがあるだろう。

結局、対象・事物・目的によって拘束される思考法は、かえって対象を見失い、対象に至る道筋から逸脱しがちだ。再備給によって生じる欲望の濃密化は対象から離れがちなのだ。再備給によって生じる、備給の連鎖は、通例であれば、無限に続くことはなく、終極を有するのに、欲望の文法に終極が組み込まれていない場合、すり切れたレコードのように同じミゾを走り続けるしかない。

欲望になぜここまでこだわらないといけないのだろうか。それは一つには現代がグノーシス的であって、グノーシスが性的世界観である以上、特に性的欲望・性的快楽にこだわらなければならないということもある。しかしもっと重要なのは、人間の欲望は、人間の作りだした虚妄であり、そこから覚めることが悟りであると考えるような、安直な唯名論が、人間の心を誘惑し続けてきたようにも思われるからだ。或るものの本質や「……とは何か」への答えがないとしても、だからといってそこから、本質はないという結論が導かれるわけではない。「幸福とは何か」への答えが千差万別であったり、なかったとしても、端的にないということにはなるまい。総てを幻想だとする考えはつまらない。だから、流通する言説の中では、迷いしか引き起こさないとしても、迷いこそ悟りだという発想の方が私は好きだ。煩悩即菩提である。天使的になろうとすることは、欲望から離れるより、欲望の奴隷となってしまうのだ。

人間の欲望には迷い・幻想といった側面がきわめて強く見られる。だから欲望の対象の本質などないと言うことは簡単なことだ。しかし、問いの向こう側に答えがないとしても、問いの手前に別のものが待ち受けているのかもしれない。そしてその「手前」のものの姿を示そうとすることが実在論の要点であれば、唯名論と実在論は対立するものというより、案外近い場所に立っているのかもしれない。

言葉の手前にあるものが「コミュニカビリティ」であり、肉体の手前にあるものが「身体図式」だ。そういった「手前」にあるものとは、決して〈見えるもの〉の背後にある〈見えないもの〉なのではなく、〈見えるもの〉の手前にあり、〈見えるもの〉と〈見えること〉を成立させるものであるがゆえに、〈見えないもの〉なのだ。〈存在〉を成立させるものは、もはや〈存在〉ではなく、にもかかわらず（正しくは「だからこそ」となるところだが）最も〈存在〉らしいものであるといっても話の筋道は変わりはしない。では、それらはいかなるものなのか。普遍のリアリティとどうかかわるのか。ここでは、もしそういったものがあるとすればという条件付きでだが、言葉の手前にあるものとしてのコミュニカビリティから見ていこう。

第3章　聖霊とコミュニカビリティ

中世には天使の表象が満ちあふれていた。ところが、天使主義の側面は少ない。天使は天上からの伝達者・天上への導き手にすぎず、天使そのものが憧憬されるべきものではなかったからだろう。ところが、一四世紀に入ると、天使は親密で、触れられるものとなっていく。ルネサンス期の天使の絵画的表現を見れば分かるように、天使にも人間的尺度や性別が見られるようになっていくのだ。一四世紀以降天使主義が現れ、その後盛んになっていったという整理は確かに乱暴だが、根拠がないわけではない。中世においてもルネサンス期においても天使の表象に溢れていた。しかし、中世的思考においては、天使は天上的なもので非物質的・霊的なものであっても、あくまで被造物であって、乗り越えられるべき飛躍があったわけではない。どの『命題集註解』にも、天使に関する章はありながら、激しい論争の気配も、際だった主張も見出されないというのは、中世おける天使の扱いをそのまま示しているのだろう。

天使に関する考察は、むしろ近世に入ってからの方が盛んになったのだ。一五一〇年に出版されたネッテスハイムのアグリッパの『神秘哲学』は、当時のオカルト学の集大成だが、天使学の系譜では初期に属し、天使の言葉や名前に関する記述も、いまだ数頁を占めるにすぎない。ところが、一七世紀になると『天使論』(*Angelologia*)、『天使総覧』(*Angelographia*)、『天使の言葉』(*De Locutione Angelorum*)といった書物が陸続と出版されるようになる。

その時期は、魔女狩りがピークに達していた時期とも符合している。魔女狩りは、ルネサンスの動きとともに始まり、一六〇〇年を中心とする一世紀間に盛期を迎え、特に一七世紀の前半、普遍言語の探求が盛期を迎えていた時代とも一致しているのだ。もちろん、魔女狩りの潮流と普遍言語の潮流が同じものだとは言わないが、奇しくも時期を同じにしているというのはどういうことなのだろう。そして、天使に関するモノグラフが最も盛んに出版された時期とも一致してしまうのはどういうことなのだろう。ともかくも、一七世紀において天使が悪魔や悪霊とともに、魔法使いに奉仕するようになったのは、天使の超越性が失われ、人間に接近したものとなり、世俗化してしまったことの証であろう。裏返しに見るならば、天使に人間の方が近づいたと言えないわけではない。

天使の用いる言葉は近世ではヘブライ語、正確にはアダムが神から授かった原初のヘブライ語のはずだという議論があったが、そういう流れは、理想的な言語をアダムの話していた言葉に求めるもので、それを再構成するにしろ、失われているがゆえに新しく作り出そうとするにせよ、ともに天使主義の側面を持つと言って差し支えないだろう。付け加えておくと、中世の天使言語論も天使に言葉の使用を認めるわけで、その点ではルネサンス以降の天使言語論と同じだが、後者が天使の言語を特定し、人間の手に収めようとする志向を有する点で異なるのだ。しかも、ルネサンス以降の理想言語論は、質料それ自体（音や文字）に意味を内在させようとすることで、記号に含まれる質料と意味という二次元性を消滅させることを目していたと捉えられるが、それは二次元性に潜む差異を解消することで、質料性を閑却することにもつながる。

第1章で見たように、天使主義的言語観は、言葉の質料性を消滅させることで、無媒介的なコミュニケーションを目指すものであり、そこには身体性の排除という側面が強く見られた。そのような言語観は、言葉のもつ質料性を閑却し、言葉の伝える意味の普遍性を追求し、言葉の持つ質料性をコミュニケーションを困難にする要因として捉え、さまざまな国語に備わった質料性、個別性をできるだけ消去した言語を構想し、コミュニケーションを純粋化しようとする試みであった。そのような試みの一端は、一七世紀にイギリスを中心に繰り広げられた、理想的人工言語の系譜に認めることができる。ライプニッツの普遍記号学もその流れの中に位置する。ライプニッツの理念は、誤りやすく、時間を要する人間の思考を、数学的な記号処理に還元することで、迅速かつ正確にすることを目指したものだ。そして、論争や裁判における、冗長な言葉のやりとりに代わって、「計算しよう」との掛け声とともに、瞬時に決着の付く方法を目指していたのだ。しかし、コミュニケーションを純粋化しようとすることは、コミュニケーションを完成させるのではなく、コミュニケーションを破壊する。身体性の閑却、言葉の質料性の排除、こういった論点が近世に見られるということは、中世哲学から近世哲学への移行ということが、天使主義への堕落であったということではないのか。

コミュニケーションの問題に関して、天使主義の誤りの一つは、コミュニカビリティの誤解に由来していると思われる。天使主義は、コミュニケーションに先立って成立していなければならないコミュニカビリティ(伝達可能性)を、既に、いつも、予め与えられているものと解する傾向が見られる。

とは言いながらも、あたかも既知の如く登場した、「コミュニカビリティ」とは何なのか。英和辞典にも登場し、その訳語として「おしゃべり・話好き」という記載があるが、もちろんそういうことではない。しかも、コミュニカビリティとは、同じ言語についての運用能力とか、距離の近接とかいった、事実的なコミュニケーションの条件ではない。このように考えれば、「コミュニカビリティ」は謎めいた概念にも見えてくる。「コミュニカビリティ」という哲学事典にも登場せず、あまり見かけることもないこの概念はどういうものなのか、なぜここで重視しなければならないのか、考えていってみよう。

1　コミュニケーションの多層性

いつもならば使いこなせていた言葉が不可解に感じられて、乱れ飛ぶ言葉の嵐の中に一人置き去りにされることがある。冗談の話と真面目な話、お世辞と本音、ウソとホント、そういったものがめまぐるしく交替しながら、日常の会話がなされると、肉体を切り刻む言葉の刃にしか感じられなくなる時がある。比喩を用いた言葉でもよい。表の意味なのか、裏の意味なのか。もちろん、言葉でなくても、意味ありげな表情でも身振りでもよい。言葉を使いこなせるはずなのに、言葉の意味が分からなくなってしまうのは、どういうことなのか。

常識的に考えれば、言葉は無秩序に反転を繰り返すのではなく、そこには区切りとなるシグナルが織り込まれるのが常である。コミュニケーションのチャンネルが変わるときに、合言葉・記号・動作・パスワードがあるはずだ。話のモードが変わるとき、合言葉のようなものが用いられると考えてもよい。

話を簡単にするため、「合言葉」に絞るが、言葉と合言葉の違いはどこにあるのだろう。確かに、合言葉は、「開け、ゴマ」がゴマを指示していたり、命令文の機能を有していないのと同じように、事物・事態を対象とするのではなく、コミュニケーションを対象としており、つまり、メタ・コミュニケーションに属する以上、両者は、「猫は動物だ」と「猫は漢字だ」の場合と同じように全く異なるものだ。しかし、言葉と合言葉の違いが失われている場合、言葉による交流のネットに入り込んでいるのか、まだ入り込んでいないのかが分からなくなる。鍵と扉の区別がつかない人はいないが、言葉の場合、「扉」と「鍵」は、同じ言葉でできているために、取り違えが起こりやすい。

メタ・コミュニケーションについてもう少し触れておくと次のようになる。メタ・コミュニケーションは、コミュニケーションに関するコミュニケーションのことで、例えば「これは遊びだよ」とか「今のはウソだよ」などがそういうものだ。混乱が起きるのは、メタ・コミュニケーションが必ずしも明示されない場合だ。「近くにお出での際は是非お立ち寄りください」の後に、「社交辞令」とか「本気」とか「あなたは除外」と書いてある転居届を私はまだもらったことがない。

メタ・コミュニケーションは言葉で表現されると限られるわけではない。声の音調や話し方などによって、言葉に付随するシグナルで表現される場合もあるが、多くの場合は非言語的に、つまり表情や身振りによって表現される。ところが、表現行為に二つのレベルがあり、両者が対立している場合、もつれを引き起こす。言葉では「食べていいわよ」と言いながら、眼が怒っているとき、メタ・コミュニケーションはコミュニケーションの内容を否定し、「食べてはいけない」と述べているのだ。高次のレベルと下位のレベル・メタレベルで矛盾があるだけでなく、二つのレベルを持ったそのコミュニケーションそのものを、コミュニケーションの俎上に取り上げることができないときに、つまり、メタ・コミュニケーションに触れることを禁止されるとき、問題が起こってくる。

名だたる《ダブルバインド育児法》によると、与えた食事を子どもが食べても食べなくても怒るのがよいとされる。つまり、子どもがおとなしく食べていても、子どもが「食べていいって言ったじゃない」と言ったときは、「お母さんの本当の気持ちが分かってない」と怒ればよいし、食べなければ、「私の言うことが聞けないの」と怒ればよいし、眼が笑っていないことを指摘してきたら、「私を信じられないの」とヒステリックに叫べばよい。言葉に従っても従わなくても怒り、そしてメタ・コミュニケーションに触れても怒ればよいわけだ。ものを投げつけたり、度を越した体罰を加えるともっと効果的らしい。

このように育てていれば、(1)すべての言葉に裏の意味があると信じ、人間も言葉も信じないで、ひたすら裏読みし、その挙げ句、言葉嫌い（ミソロゴス）と人間嫌いになるか、⑵メタ・コミュニケーションのレベルをまったく無視し、すべての言葉を文字通りに受け止め、冗談を解さぬ、融通の利かない、しかし情緒的問題となると、回避するか混乱してしまう人間になるか、⑶コミュニケーションに絶望し、ひとり殻にこもった生活にはいる人間になるか、というように育てられるという。

ところで、レベルの違いによって、異なる内容が伝えられることは、何ら悪いことではない。むしろそのことによって、様々な事柄が同じ言葉によって伝えられるし、言葉は微妙なニュアンスと様々な効果を持つようになる。「このサラダおいしいね」の一言で、味覚オンチを作ることも名料理人を作ることも、むつまじい時間を過ごすことも大喧嘩の時間を作ることもできる。

コミュニケーションとメタ・コミュニケーションは、ふだん、きわめて頻繁に行き来し、そこに笑いや冗談が生まれる背景をなしているのだが、そういった複数の層を推移するためのメカニズムがあるとすれば、そこにはコミュニケーションとメタ・コミュニケーションに分かれる以前の、別の次元を想定することもできるかもしれない。

何か用件を伝える場合、コミュニケーションの内容（メッセージ）が一番大事にされる。ところが、メッセージが強調されない場合がある。宴会や葬式の場であれば、伝えられるべきメッセージは最初から分かっているから、メッセージよりも、言葉を交わすという事実の方が重要となる。伝達のためではなく、共同体性を確認するための言葉があれば十分だから、「どうも、どうも」だけで用は足りることになる。

メッセージをあまり持たないコミュニケーションが生じるのは、そのような共同体が前提される場合に限られない。初めて出会った人におずおずと話しかける場合、どういう事態が見られるのか、そして、そこで何が伝えられているのか。言葉を介さない、握手や抱擁という肉体の触れ合いによる挨拶でも事情は同じだ。

お互いに名前を呼び合う場合はどうだろう。何が伝えられているのだろうか。そこで目指されているのは、コミュニケーションの結果として伝わるメッセージでも、コミュニケーションの成立によって示される共同体性(近接的共同体性)でもない。そこにあるのは、たぶん、コミュニケーションを求めるコミュニケーションだ。その場合、言葉の後にあるのでも、言葉の中にあるのでもなく、むしろ、言葉の前にあるものが目指されると言えるのではないか。このコミュニケーションの前にあり、コミュニケーションの成立する可能性の条件が、コミュニカビリティ(communicabilitas)ということだ。もし、コミュニカビリティの層を認めてよいとすれば、人間の行うコミュニケーションの多くは、案外コミュニカビリティを伝えるためになされている、と私には思われる。人間の会話において用いられる、数多くの相づちや合いの手やうなずきもそれに近いだろう。もちろん、コミュニケーションの可能性の条件がなぜコミュニケーションの中で現れるのかという、基本的な疑問があるかもしれない。それこそ可能性のあり方を考える上で、重要な問題が潜んでいる。可能性は、原初にあり、そう想定されながら、過程の中で自己展開し、最後に姿を現すからだ。このモチーフは、思想の歴史の中で何度も現れながら、なかなか理解されにくいが、このモチーフがコミュニケーションにおいても成立しているのではないかというのがここでの眼目だ。

伝達様式の歴史において、大事なのはこのコミュニカビリティの変容の形式であり、そこにこそ問題がある、と私は思っている。中世において、天使も言葉が必要であるとする考えは、天使の言葉にもコミュニカビリティの層があることを述べていたのではないか。コミュニカビリティの濃度・強度によって、記号の作用は変質してしまう。もちろん、情報の量・濃度が変質するのではない。情報の効率が変質する。効率という言葉を、情報の量・濃度・形式、時間、受容された情報量によって規定される数値にしておきたいのであれば、「情報の様態」といってもよい。

コミュニカビリティの層があるということは、伝達能力の不完全性によるのではなく、伝達に備わる必然的条件なのだ。天使主義は、このコミュニカビリティの層を人間に課せられた不完全性のしるしとして取り除こうとする。コミュニカビリティとは、伝達の能力といったものではない。可能性の条件としてあり、伝達に先立って成立していなければならないが、実は、初めから与えられているとは限らないものなのだ。或る出来事の成立の条件が、出来事の後に、遅れてくるしかないものだ。だからこそ、人間は未来に対して背を向け、過去を見つめつつ、後ずさりしながら、未来に進んで行くしかないのだろう。たぶん、歴史記述にも当てはまることなのだろうが、コミュニケーションもまた、メッセージを伝えるために、前向きに進む行為なのではなく、後ずさりしていく行為なのかもしれない。

言葉を学ぶということを考えてみよう。「学ぶ」ことは「真似ぶ」ことである以上、当然そこには模倣の契機が含まれる。誰でも模倣することで学習するのだから。ところが、模倣しただけでは、言葉を学ぶことはできない。言葉をオウム返しに模倣するだけでは、言葉を使えるようにはならない。「チョーダイと言ってごらん」と言われて、オウム返しに「チョーダイと言ってごらん」と答えるようでは言葉の使い方を学んではいない。

学ぶことができるためには、「あげる」と言われて「ください」と言えるように、視点の交換可能性がなければならない。これを可逆性・反転可能性(reversibility)と言ってもよいだろう。「チョーダイと言ってごらん」と言われて、「チョーダイ」と言えるためには、言葉の中に、言葉自身の指示と言葉以外のものの指示という、最低限二つのレベルがあることを予め知っている必要があるし、例外があること、遊びの文脈では、粘土をご飯と見立てること、規則を一義的に適用するのではなく、状況との関係で適用すべきかどうかを判断すること、条件文のように非現実・反事実の想定などができなければならない。

言葉を学ぶとは、言葉の使用規則を学び、その規則に従うことではなく、その規則を適用することだ。模倣によって、規則を学ぶことはできるが、それだけで言葉を使用することができるようにならないのは、規則とは、常に適用可能性の領野を伴っており、規則の選択・排除・除外・適用ができるようになっていなければならないからだ。もしそれができなければ、「わたし」や「ぼうや」を固有名詞として使用し続けることになりかねない。

コミュニカビリティを考える場合に面倒くさいのは、コミュニケーションが成立する前提条件を網羅すれば、コミュニカビリティの姿が見えてくるとは限らないことだ。というのも、コミュニカビリティとは、コミュニケーションが成立するための可能性の条件であり、先立つものなのだが、徐々に現れてくるものだからだ。

ここにあるのは、欲望の基本的文法との符合である。欲望の場合と類比的に、メッセージを伝えることは、コミュニケーションの堕落に他ならないと考える立場もあるほどだ。メッセージを伝えることが、言葉の本来の機能であり、メッセージ以外のものは付随的なものにすぎないという考えは、まさに天使主義的言語論だ。この傾向は、書物の登場と軌を一にしていると言えないわけでもない。

書物の時代以前、つまり活版印刷術の登場以前の時代は、〈声の文化〉の名残が強く見られた時代だ。その時代は聖霊がコミュニケーションの範型として機能していた時代だ。聖霊は、キリスト教神学のなかでも扱いにくいものだが、コミュニカビリティに符合する点を有している。次のところでは、コミュニカビリティの内実をもう少し明確にするために聖霊論の構図を見ておくことにしよう。

2　聖霊論の構図

なぜ「コミュニカビリティ」という、扱いにくい概念を持ち出す必要があるのだろう。コミュニケーションとメタ・コミュニケーションだけで十分複雑であり、メタ・コミュニケーションでさえいくつもの意味があるのだから。しかも、数多《あまた》のコミュニケーション論がありながら、「コミュニカビリティ」を扱った本はまだ一冊もないのだ。こういう反時代的な「コミュニカビリティ」を持ち出すのは、中世哲学では、コミュニカビリティの原型があり、それが哲学・神学・信仰の基底をなしていたからだ。もちろん、中世にも、その概念が登場しないわけではないが、共約不可能性(incommensurabilitas)と同様に、用例は僅少である。だが、スコラ哲学的に考えれば、その概念の成立する余地は十分にあると思われる。

第1章で見たように、祈りが神への伝達として捉えられれば、声に出す必要はないはずなのに、声に出すことが重んじられたのは、祈りは伝達ではないからだと言うこともできる。祈りとは絆を作ることだ。では祈るのは誰なのだろうか。我々人間が聖霊を通して祈るのであるが、その祈りが生じているのは、聖霊の賜物によってであるから聖霊が祈っていると述べてもよい。ここで立ち止まって考えよう。人間が聖霊を通して祈ることと、聖霊が人間において祈ることが同じだというのは何を意味するのか。聖霊は、人間の心の内に深く浸透し、心の自発的な働きと区別できないような形で内在するということだ。媒介が主体となっているのだ。ここで、人間が話すのではなく、言葉が話すというモチーフを思い出してもよい。これは、媒介と主体が相互浸透している事態の表現なのだ。

祈りとは、現世利益を求める伝達に堕落してしまったものでなければ、聖霊が祈ることだ。聖霊を通して祈ることと、聖霊が祈ることとの一致、ここに祈りをめぐるもっとも重要な論点がある。神学的に見ると、聖霊を賜物として与えたのは神だから、祈りにおいては、神が願望されることを願望し、人間において神が願望されることが実現することだ。論理的に見れば、ここにあるのはパラドクスにほかならないが、そこに反転可能性を読み込むことはできないのだろうか。いやもしかすると、あらゆるコミュニケーションがこのパラドクスを抱え込んでいるのかもしれない。聖霊をコミュニカビリティの原型として捉えることによってその一端が見えてくるかもしれない。

ここで、聖霊についてもう少し考えてみよう。「聖霊(プネウマ・ハギオン)」とは、「聖なる霊」だが、では「霊」とは何か。霊とは日常的には気息や生命原理としての魂の意味や、心的活動の座としての精神の意味でも用いられる。しかし特に聖書的であるのは、人間の理解を越えた力をもって働く超自然的・超感覚的存在としての「霊」を表す用法である。場合によっては、神に仕える霊や人を悩ます悪霊など、神とは独立した存在として表象されることもあるが、しかし多くの場合、霊は、神自身がその超越性を保ちながら世界の中で力をもって具体的に働くあり方を表現する。端的に神の本質は霊である、とさえ言われたりする。ギリシア哲学が魂(プシュケー)を中心とした思想であるのに対し、キリスト教は、霊(プネウマ)を中心とする宗教であると整理される場合もある。

信仰の最も基本に位置するものでありながら、キリスト教神学においても、聖霊に関する研究は立ち後れているという。語りようのないことだから、当然とも言えるのだが。実際のところ、第二回コンスタンティノポリス公会議(三八一年)に至るまでの三位一体論をめぐる論争を調べていくと、底無し沼で繰り広げられる泥仕合にしか見えず、語るべき言葉を失ってしまう。聖霊論は、難解な三位一体論、しかも様々な異端との関連・対決のなかでしか姿を現してこない正統的三位一体論を通してでなければ、理解したとは言えないのだから、避けて通るのが一番賢明である。ここでの途は二つしかない。避けて通るか、あえて誤読するかである。ここでは異端嫌疑のおそれのない時代に生まれたことを喜びながら後者の道を選ぶ。イヴ・コンガール『わたしは聖霊を信じる』という優れた導き手がいるからだ。

聖霊について語るのが困難なのは、ある意味では当然のことである。霊の機能には、〈キリストを受肉させる〉〈キリストに奇跡を行わせる〉〈キリストを復活させる〉〈信徒に信仰を与える〉〈真理を悟らせる〉〈敬虔な生活を可能にする〉〈罪や死からの救いを与える〉〈教会に宣教の力を与える〉〈信仰による一致を与える〉など多様なものが見出され、統一的概念理解を得ることがきわめて困難である。おそらく、複雑な概念だから、理解困難なのではなく、「生命」や「存在」と同じように、基本的すぎて概念に取り込むことができないからだ。基本的概念はシンプルであろうと、シンプルであるがゆえに広い適用範囲を有し、様々に現象し、そのためにかえって理解しにくくなる。ただし、直感的に理解しようとすれば、「魂」が個々人の生命・精神原理であって、個体性を備え、他者から切り離され、独立したものとして存在するのに対し、「霊」は、集団としての人間の生命・精神原理であって、普遍的なものであり、人々を結びつける機能のあることが要となる。だからこそ、聖霊は教会の魂であり、教会に内在し、教会の成員を結びつける、などと語られるのだろう。

信仰を引き起こし(賜物としての聖霊)、信仰集団を維持すること(絆としての聖霊)が、現世における聖霊の中心的機能なのだ。聖霊とは、神と人間との、そして人間相互の交流(communicatio)と交わり(communio)の根源なのである。

聖霊は、人間の世界だけで働くわけではない。これまた難解な三位一体論においても重要な位置を占める。三位一体という世界史の教科書にも載っていながら、概念的に理解することが困難な、いや理解してはならない箇条をここで説明することは避ける。これだけ好き勝手に書いている私でも三位一体に関してはそれを語る蛮勇はないし、そうしたいとも思わない。ここでは、父・子・聖霊は、一つの実体であって、三つのペルソナを有するという空虚な説明で素通りし、聖霊をめぐる議論の中で、当面の議論に関係する点を一、二触れておきたい。

ここで最初に触れたいのは、父・子・聖霊の関係について、聖シメオンが述べている言葉だ。シメオンは、「私は言おう。門、それは子(キリスト)である。門の鍵、それは聖霊である。家、それは父(神)である。したがって、言葉の霊的な意味に細心の注意を払いなさい。鍵が開かなければ、何人も父の家の中に入れない」と述べる。

「鍵」としての聖霊のイメージがここで明確に現れている。シメオンは、他の人々と同様に、聖霊を光にたとえることもある。光の比喩において重要なのは、光は〈見えるもの〉でも、〈見えないもの〉でもなく、見えることを生じさせるものであるということだ。隠されているから見えないのでもなく、かといって、光自身が見えるものとなっては、他のものを見えるようにすることはできないために、それ自身は見えないものとならざるをえないもの、それが光だ。見えるようにするものである以上、そのために見えないもの、言い換えれば、見えないことが見えることの原理であるようなもの、それが光だ。扉でも、光でも要点は同じだろう。

聖霊は、父(神)と子(イエス)の絆であるとも語られる。もちろん、神と人間、人間と人間の絆でもある。しかし、なぜ鍵が絆となりうるのだろう。鍵が絆となりうるのは、鍵が二つのもののどちらにも内在し、しかも同じ一つの鍵として両者に内在し、二つの鍵が一つになろうとして呼び合う場合だろう。「聖霊は愛である」というのはたぶんそういうことだろう。理解を越えていると言えば越えているのだが、ここにも、一なるものが一なるものとして多なるもののうちにあるという、イデア論・普遍論の困難が見られる。

第二番目に触れておきたいのは、「私(＝子)が父のうちにおり、父が私の内にいる」(ヨハネ福音書一四章11節)ということだ。このことは父と子の間のことに限られない。「もし私たちが互いに愛し合うならば、神は私たちの中に留まり、その愛は私たちの中で全うされるのである。私たちが彼の中に留まっており、彼自身が私たち自身の中に留まっていることを、彼がその霊を私たちに分け与えてくださったことによって、私たちは知る」(ヨハネの第一の手紙四章12-13節)。この事態は、ギリシア語で「ペリコーレーシス」と表現され、ラテン語ではチルクムインチェッシオ(circumincessio)と訳された。日本語では、どちらの語も「交流・相互内在・相互浸透」などと訳される。この事態もまた理解を越える事柄だが、近・現代で類似した概念に、相互内在(独 Ineinander)と表現されるものがあり、こちらの方であれば身近な場面に例を見つけることができる。例えば、右手を左手の上に重ねてみよう。右手が触れるものであるとき、左手は触れられるものだが、すぐさま左手が触れるものとなって、右手が触れられるものとなったりもする。このような事態は、視覚においては生じにくいが、触覚においては生じやすいという。これは単なる転移現象や視点の交換といったものではなく、能動と受動という主語＝実体論的枠組みが拭いがたく染み込んだ日常言語をすり抜ける事態なのだろう。蛇足ながら、このような相互内在または反転可能性を基本とする哲学の枠組みが「身体論」というものだ。

相互内在とは、言うなれば、クラインの壺のように、内部と外部が反転し、交叉しあいながらも、混じり合うことなく、二つながら一つのものとしてあるということだろう。この相互内在は、もともと父と子、神とキリストの関係を論じるキリスト論において用いられたものだが、やがて、三位一体論においても用いられ、父・子・聖霊の三者がそれぞれの間で相互内在を有すると語られるようになった。

このように、「相互内在」は用語・内実において、常に正統的な位置を占めていたわけではないが、イヴ・コンガールが述べるように、聖霊の中心的特質と考えてよいと思われる。確かに、聖霊の機能は多様だが、それらを、(1)共同体の原理(キリストの神秘的身体としての教会の統一性を基礎づける原理)、(2)伝達の原理(多くの人々に、言語の相違や時間・空間を越えて、神の意思を伝える原理)、(3)信仰の原理(信仰を与えるとともに、罪の赦しを与える原理)などと整理し、そこに、一つの統一的機能を見出すとすれば、「相互内在」に帰着するしかないと思われる。「私が父のうちにあり、父が私のうちにある」ということにとどまらず、人間が神のうちにとどまり、神が人間のうちにとどまることができるようにするのは、まさに聖霊の故なのである。

この事態は「内在的超越」と重なると思われる。これを神秘とか奇蹟と考えたければ、そう考えてもよいのだが、逆に、きわめてありふれた事態であると私は思う。人間が理解できないことが奇蹟なのではなく、ありふれていながらも、誰もそれに気づかず、見ていない方がずっと奇蹟であるように思われる。たとえば、私が今ここに存在していること、私がものを見、ものが見えること、呼吸していることなどなど。

聖霊論には多様な論点が含まれ、明晰な理解を拒むものが多いが、私が聖霊論から取り出したいものは、相互内在または内在的超越という論点なのだ。この論点には、聖霊論に固有なところもあるが、その中でも一般化できるところがあり、それをコミュニカビリティとして整理できると思われる。

聖霊がコミュニカビリティの原理であることは、情報様式の発達史の観点からも跡づけられる。中世は、〈声の文化〉の時代であったとされる。たとえ、文字が頻繁に使用されるようになっていたとはいえ、〈声の文化〉が根強く支配し、メディアの基本形式は〈声〉に置かれていた時代であった。その理由に深入りしなくとも、一五世紀後半の活版印刷術の発明以前の時代は、声が主流の時代であったというのは理解しやすい。

声は小声で話すのでない限り、多くの人に向けられたもの、多くの人の耳に入るものだ。そして、声の場合、一堂に会した人々が、ほぼ同時に同じ言葉を語ることは難しいことではない。声も意思を伝えるものだが、聞き手や語り手が多数いる場合、声は心をそろえるメディアとなる。そして、典型的には「祈り」の場合のように、メッセージは重要ではない。声を揃える、その結果心を揃えるのがもっとも重要な事柄となるのだ。声を揃えることで、声はすでに何かを、たとえば共同体性を伝えているのだ。

挨拶を交わすとき、何が伝えられているのだろうか。笑みを交わしあうとき、何が伝えられているのだろうか。敵対的ではない関係の存在、友好的感情を伝えていると説明する人もいる。しかし、初めて出会った人間どうしが手探りで向かう場合、そういったものが伝達されているのだろうか。コミュニケーションはそこで行われている。だが、メッセージはない。伝えられているものは、伝達可能性・コミュニカビリティではないのか。

声と聖霊の類似性を指摘することはそれほど難しいことではない。そこには一なるものが多なるものに移行する作用が見られる。〈声の文化〉の典型的なコミュニケーションが祈りであって、その祈りが〈聖霊が祈ること〉であること、そしてそこにコミュニカビリティが考えられることは、何ら偶然ではない。もしかすると、活版印刷術は文字への信仰を確立することで、コミュニカビリティを困難なものにしてしまったのかもしれない。

3　名前とコミュニカビリティ

　さて、コミュニカビリティについては、まだまだ糸口が見えてきたにすぎない。三位一体論を組み入れていない聖霊論ではたかが知れているのだ。切り口を変えて、その姿を見ていこう。近世に入って、〈声の文化〉は徐々にだが姿を消していく。〈声の文化〉とコミュニカビリティが密接な関係を有するとすれば、近世に入ってコミュニカビリティは忘れられていったのではないか、という予想がつく。

　では聖霊についてはどうだろう。例えば、ルターは「外的な、語られた御言に関わる事柄において、我々は外的な御言を通して、あるいはそれとともにでなければ神は何人にもその御霊や恩寵を与えることはしないという確信に立っていなければならない。こうして我々は、熱狂主義者、即ち聖霊主義者達に対して自らを守るのである。彼らは、御言によらず、また御言に先立って、御霊を持っていると誇っており、それにしたがって自分たちの望みのままに、聖書や御言を判定し、解釈しねじ曲げている。（中略）我々は絶えず、神がその外的な御言と秘跡を通してでなければ、我々人間と交わりを持たないということを主張すべきであるし、またそうしなければならない。しかし、そうした御言と秘跡によらないで、聖霊に帰せられるあらゆることは、悪魔に由来する」（『シュマルカルド条項』）と述べている。この一言だけで判断することは性急の誹りを免れないが、フィオーレのヨアキムなどと比較した場合、聖霊の位置は低下していると言わざるを得ない。

フィオーレのヨアキム(一一三五頃―一二〇二年)は、世界の歴史を三段階にわける、終末論的歴史観を呈示し、一二六〇年に始まる〈聖霊〉の時代において、見える教会(ローマカトリック教会)＝肉的教会(ecclesia carnalis)は、眼に見えない「霊的教会(ecclesia spiritualis)」に吸収され、戦いは止み、愛がすべてを包むと考えていた。この時期において、地上の人間は、文字的な学殖(リテラシー)がなくとも、聖霊の与える「霊的知性(intelligentia spiritualis)」の援けによって、神の真理について完全な知識が与えられる、つまり、知的な労苦から解放されて、霊的知性を賦与されることで、すべての文字的知識を放棄することができるとされていたのである。

このようなヨアキムの立場は、映画『薔薇の名前』にも描かれていたように、異端を招かざるを得ない。文字に拘束された、現実の教会や司祭よりも、聖霊によって鼓吹された人々を指導者とすることは、異端にならないはずがない。聖書に記された御言を学ばずに、聖霊の導きのもとに、直接的に神に至ろうとすることは、狂信・熱狂主義につながるのだ。中世においても、宗教改革期においても、狂信(英 enthusiasm　独 Schwärmerei)と聖霊主義が同義だったことは覚えておくべきことだろう。狂信とは一七世紀において、進歩的知識人の最も憎むものだった。聖霊によって啓示されたと信じる者は、「自分達が確信しているから、確実である」という、訂正不可能な信念を有し、諸宗派の対立・抗争・非寛容を拡大していった。聖霊の名によって自己正当化を図る者は傲慢の最たる者に落ちていったのだ。このように見れば、戦略的にでも聖霊の位置を引き下げねばならないことはよく分かる。そして、さらに問題なのは、聖霊を旗頭にする人々ですら、聖霊から離れていたことだ。近代とは、聖霊を語る人間でさえ聖霊から離れ、そして知識人は聖霊による啓示を「狂信」として排除しなければならない時代だったのだ。もはや、聖霊は中心的位置を占めることはできない。弁護する者が最大の敵では聖霊が生き延びることはできない。それどころか、現代では聖霊が忘れ去られるという事態が生じていると整理する神学者もいる。もちろん、信仰や典礼の内に聖霊は残っているのだが、少なくとも教義としての聖霊は影の薄いものになったということだ。

狂信においては、啓示は神から、聖霊の霊感によって直接与えられているとされていた。ジョン・ロックはその蒙昧さを「堅く信ずるから啓示であり、啓示だから信じる」という循環形式で説明している。狂信は訂正不可能な信念の体系なのだが、狂信は聖霊の鼓吹(inspiration)によるとしながらも、聖霊がコミュニケーションの原理であることから逸脱し、ディスコミュニケーションに陥ってしまったことは、聖霊の忘却に他ならないだろう。啓蒙主義の流れの中で、信仰に対する理性の優位が説かれ、その最たる敵として狂信があった以上、狂信と近接して捉えられた聖霊が、重要性を失っていったことはあまりにも当然のことだろう。

ところで、聖霊の忘却とは、キリスト教内部だけの問題なのだろうか。〈声の文化〉から〈文字の文化〉に移行したことと関係がないはずもない。〈文字の文化〉の成立が、聖霊の忘却、コミュニカビリティの喪失だとは言わないとしても、それに類したことはあったのだろう。聴覚空間と霊的空間は同じものでは決してないが、案外親縁性をもっているかもしれない。マクルーハンが、二〇世紀を聴覚空間の再登場の時期と整理するとき、二〇世紀とはどういう時期になるのだろう。

二〇世紀において、このコミュニカビリティを徹底的に考察したのが、ベンヤミン(一八九二―一九四〇年)だ。彼は歴史の声を自覚的に聞き取っていたのかどうか、「伝達として、言語は、ある精神的本質を、とはすなわちある伝達可能性そのものを伝達する」と述べる。精神的本質とは、精神によって捉えられる内実のことで、「メッセージ」と考えればよい。他方、言語的本質とは、言語としての側面、言語を使用する側面だったりする。言語は、普通の考えでは、精神的本質、つまりメッセージを伝えるとされる。しかし、メッセージが伝達可能性そのものである場合どうなるのか。伝えることとは、伝えることがある場合、その伝えることが伝えられ得るということだ。これは「私が今述べていることは正しい」という文と同じように、自己言及があるのだろうか。伝達可能性だけを伝える言葉とは空虚なものなのだろうか。

既に見たことだが、「祈り」のように、メッセージを持たない、伝えられるべき内容を持たない、自己を伝達していると言ってもよい言葉がある。雑踏の中で、大声をあげる子どもの言葉は、意味のある言葉であろうがなかろうが、「自分はここにいる、気づいてほしい」という意味があるだろう。そのときの子どもの大声は、自己を伝達している。祈りもそうではないのか。自己を伝達するために、或る眼差しを呼び出しているのではないか。

自己自身を伝える言葉、コミュニカビリティだけを伝える言葉とは特殊なものなのだろうか。いや別に珍しいことではない。名前を付けること、そして名前を呼ぶこと、これはコミュニカビリティを伝える行為である。ある人が、ある対象——人間でも生き物でも事物でもよい——に名前を与えるとき、その対象はその当人にとって無関係のものではない。名前を与えることは、我が子に名前を与える時を考えても分かるように、関係と絆をつくることだ。もちろん、名前を与えなくても、その対象を使用し、関わることはできる。にもかかわらず、名前を与えるのは、伝達の回路を予め開いておくことだ。名前を失い、番号だけで呼ばれることが、非人格的な状況と連動しやすいのは当然のことだ。

名前を呼ぶ場合はどうだろう。医療や教育の場面で、医者や教師が相手の名前を呼ぶかどうか、特に繰り返し呼びかけるかどうかで、治療・教育効果が異なることはよく知られている。高度な医学的説明よりも、暖かい呼びかけが治癒を引き出すこともある。いや、日常の会話の中で、特に相手の名前を呼ぶことは、多くの場合、コンテクストの変化(うち明け話の始まりなど)を表す。メッセージのレベルではなく、メタレベルで機能することがある。要するに、名前を呼ぶことはコミュニケーションではなく、コミュニカビリティに関わるものなのだ。

ベンヤミンは「名前は言語の究極の語り出しであるのみならず、また、言語の本来の呼びかけでもある。このこととともに、名前において、自己自身を語り出すことと他のすべてのものに呼びかけることとは同じ一つのことである、という言語の本質法則が立ち現れてくる。言語は、(中略)それが名前において、すなわち普遍的な命名において語るときにのみ、純粋に自己を語り出すのだ」(「言語一般および人間の言語について」)と述べる。名前を呼びかけることは、メッセージを伝えることではない。しかしながら、言葉とは、不特定多数の者に呼びかける場合でなければ、特定の人間に向けられる。そして、語り手と語りの向けられる人物の間には、初めからコミュニケーションの通路が開かれているわけではない。もちろん、コミュニケーションの通路を開くためには、名前を使用しなくても、挨拶をするということでもよいのだが。

呼びかける際に名前は何であるのか。それは伝達の目的ではなく、伝達の始まりに位置し、始まりを作ることだ。名前を付けることも、名前を名乗ることも、名前を呼びかけることも、名前を尋ねることも、すべて絆を作ろうとする行為である。そのような行為によって、一度結ばれた絆は、そこからすぐに退却できるものではない。名前は取り替え可能な単なる符丁ではなく、それを持つ人間と結びついているからだ。

ベンヤミンは顔と名前の関係に言及はしないけれど、彼の考えを拡張すれば、名前を呼びかけながら、顔を知らないということはないと言えるだろう。顔を知らない人に、名前で呼びかけることはできない。名前を呼びかけることはその存在を認めることだ。そして、名前を呼び、そこに応答があるとき、顔を知ることになる。顔と名前は類似するところがある。顔が与えられるとき、顔の背後にあるものは教えられるわけではない。顔と顔を向き合わせながら、何も知らないことはありうる。

ベンヤミンに話を戻そう。「名前とは、それによっては何ものももはや自己を伝達せず、それにおいて言語がみずから、そして絶対的に、自己を伝達するところのもの」である。だからこそ、

「固有名とは人間の音声となった神の言葉である」、「名において人間の精神的本質は自己を神に伝達」するとされ、「固有名とは、人間が神の創造する言葉と結ぶ共同性にほかならない」とまで語られている。名前こそ、伝達可能性そのものを伝達するのであり、コミュニカビリティを造り出す絆なのだ。

現世利益など求めずに、神に祈るとき、そこには穢れた雑念は入り込まない。人間の場合でも、名前を呼ぶだけで、他者に悪をもたらしたり、傷つけることはない。回路そのものは穢れていないとしても、回路を流れるものは、清いものもそうでないものもある。

ただし、ベンヤミンは回路の中を何かが流れていくことで、必然的に回路は汚れていくと考える。創造の言葉を離れて、人間の言葉が生まれたとき、「言葉は(自己自身以外の)何かを伝達することになる。これこそまことに、言語精神の堕落にほかならない」。ベンヤミンにとって、言葉が、伝達可能性以外のものを伝えるようになったとき、つまり、メッセージをもったとき、言葉の堕落が始まる。

ベンヤミンにとって、文学も芸術も、受容者の存在はどうでもよいことだ。それらの本質は伝達でも、伝達内容でもないのだ。文字も名前も伝達のための手段などではない。それらは、一つの、同一のもの、つまり、諸言語が互いに補いながら生じる志向の総体によって到達しうる〈純粋言語〉を志向しているのである。〈純粋言語〉とは、自らは何ものも志向せず、何も表現することなく、伝達もなされず、その前ではあらゆる志向が消滅してしまうのだ。ベンヤミンによればその〈純粋言語〉を或る特定の言語の中で救済することが翻訳者の使命であるという。〈純粋言語〉において見られた直接的伝達可能性は、堕落してしまった、いや堕落せざるを得なかった。もちろん、ベンヤミンは、純粋状態に復帰できると考え、そこに戻ろうとする楽天主義者ではなく、むしろ永遠に失われてしまった過去へのノスタルジーの中で、目の前に展開される世界の諸事物のはかなさ、移ろいゆくこと(das Ephemere)に、純粋なるものの陰を見いだすことで、やるせなさを少しばかり紛らわせながらも、憂鬱から免れられない人物だったのだろう。

ベンヤミンはコミュニカビリティの層を見逃したり、それを人間的不完全性として取り除こうとはしない。その点では、天使主義と対立するようにも見える。天使主義とは人間の条件を無視するものだから。しかし、コミュニカビリティ以外のものを伝える言葉を、すべて言葉の堕落として捉えるというのはどういうことか。コミュニカビリティを見出しながら、その可能性以外のことを伝えることを堕落と見なすことは、無垢の始源を目指す点で天使主義に陥っている。いや、むしろ天使主義を望んでいたのだろう。彼の傍らに置かれ、幾度もヴィジョンを与えてくれたクレーの『新しい天使』への偏愛、そして次の一節はその一端を示してくれる。

この雑誌はみずからのはかなさを最初から自覚している。というのも、真のアクチュアリティを手に入れようとする以上、はかなさは当然の、正当な報いなのだから。じじつ、そればかりか、タルムードの伝えるところによるならば、天使は――毎瞬に新しく無数の群をなして――

創出され、神の前で讃歌を歌い終えると、存在を止めて無の中に溶け込んでゆく。そのようなアクチュアリティこそが唯一の真実なものなのである。

（「雑誌『新しい天使』の予告」）

ベンヤミンの中にグノーシスを感じ取る人もいるし、また今見てきたように天使主義の側面も強く見られる。もちろん、ベンヤミンは凡庸な天使主義ではない。ベンヤミンは天使主義の誤謬に気づいていたからだ。ベンヤミンが批判しようとしたのは、ここまでの話に結びつければ、コミュニカビリティを使用することとしてのコミュニケーションだ。同じことだが、ベンヤミンはコミュニカビリティを純粋に享受しようとするあり方を求めたのだろう。おそらく、ベンヤミンが忌み嫌っていたのは、言葉やコミュニケーションを「使用」することだったのかもしれない。「使用」と「享受」とは、対象や他者との関わり方において明確に対立するあり方なのだ。

話を戻そう。ここで論じたいのは、ベンヤミンが天使主義者であったかどうかということではない。彼の思想の一部、コミュニカビリティに関わる論点と、しかもそれを特に名前に見出したということだ。

伝達可能なもの、つまり伝達されうるものは、事物そのものに宿っているのではなく、あくまで言葉〈において(in)〉自己を伝達する。言葉〈を通して(durch)〉ではない。もし、言葉〈を通して〉であれば、言葉は水道管のような伝達道具としてのメディアに転落してしまう。事物が言葉の領野に登場するとは、名前を帯び、「事物の言語」に姿を改めることによってだ。その場合に、言語、いや、伝達の道具ではなく、伝達可能性が受肉したものとしての言語は、自己を伝達する、正確には、自己自身において自己自身を伝達することになる。その場合に、言語は純粋な意味での媒体(Medium)、能動にして受動であるもの＝中動相的なもの(das Mediale)となる。自らを伝えるとは、能動でも受動でもなく、再帰動詞的に表現される、中動相的な事態、反省的な自己限定でもある。

先走りになるが、ここでも〈一般者の自己限定〉のモチーフが見出されるのだ。もちろん、自己限定のモチーフは実は多種多様であり、自己限定の構造があることで、一括りにできるわけではないが、能動相と受動相の二つしかない言語に囚われて、中動相的事態という、ごくありふれたことが不可解に見えるとすると、思想史・宗教史の大部分、そして存在論、形而上学、実在論も、理解をこばむ、愚か者の戯言にしか見えないだろう。

それはともかく、言語が自己を伝達する、ということは、言語そのもの以外には伝達されるべきことがない事態だ。これこそ事物に名前を付ける場面である。生まれたばかりの子どもに対してでもよいが、名前を付けるとき、名前〈を通して〉何かを伝達しているのではない。そして、純粋言語の状態において、言語は自己を、つまり伝達可能性だけを伝えるとされる。しかしながら、ベンヤミンが伝達可能性以外のことを伝えること、つまり言葉〈を通して〉何かが伝えられることが、言葉の堕落であると述べる点になると、留保なしには歩みを共にすることができない。純粋なものが純粋なままに留まることは、最も腐敗した状態にしか思えないのだ。比喩を使って表現すると、清浄な水は、さらに汚れうること、つまり自らは汚れることで他のものを清浄にするものであり、始源にある固定的で不変な状態であるより、むしろ、絶えず汚れながらも、その都度、時点毎に見出される清浄さを作用にもたらすことで、始源にあった清浄さが自らを形ある姿の中で自己展開することを可能にするのである。要するに、人間や動物に飲まれることを求めない、「永遠に清らかな水」は清らかな水ではない。

もちろん、ベンヤミンも純粋言語の堕落が避けられないものであることなど、百も承知だったのだろうし、そもそも「根源」というのは、始点にすぎないのではなく、生成と消滅から発生してくるもの、「生成の川の中に渦としてあり、生起の材料をみずからの律動に巻き込むもの」と捉えており、共感を抑え難いが、にもかかわらず、不可能な根源へのノスタルジーに拘束されているような気がしてならないのだ。

4　コミュニカビリティの文法

ベンヤミンにおいては、名前を与えることが、純粋な伝達可能性の現れとされていることを見た。そうなると、聖霊とコミュニカビリティの関係はどうなるのだろう。聖霊は伝達可能性以外のものを伝達していたではないか、という疑問が出てきそうだ。伝達可能性しか伝えない聖霊では、宗教において重要な機能を果たしそうにもない。

しかし、翻って考えてみると、純粋な伝達可能性とは、無規定性や「無性」というはずもない。

伝達ということは、黒い雲が雨を示そうと、表情が怒りを示そうと、単語が意味を表現しようと、〈自己・自ら〉以外のものを表すことだ。したがって、純粋な伝達可能性にしろ、言語が自己を伝達することにしろ、自己以外のものが表現されていなければならない。すると、言語が自己を伝達するというのは、そこに言語以外のものが入り込んでくるのだ。

伝達することは必然的に記号を使用することであり、記号を使用すれば、そこに差異が現れる。たとえば、縁暈の輝く、一塊りの黒雲が「事物」としては、月を隠しながら、「記号」としては月を表示することを考えてみればよい。記号とは事物そのもののあり方に留まらない、別のあり方なのだ。

純粋な伝達可能性も、差異を包含したもののはずだ。問題は、その差異のあり方だ。しかし、始源の状態では、その差異は顕現していない。最初にあるものが、最初に現れるのではなく、むしろ後になって、徐々に現れる構図が問題なのだろう。

このような見通しができれば、コミュニカビリティの文法について、単純ながらも、やっとモデル化できることになる。その際、アブダクション(abduction)という推理形式が手がかりになりそうだ。

多少、論理的に考えると

大前提(A)　　この袋の中の豆は全て白い

小前提(B)　　この豆はこの袋から取り出したものである

結論（C）　この豆は白い

という場合、AとBという前提があって、Cを導き出すのが演繹(deduction)である。結論を確かめる必要のない推理であり、間違えようがない。BとCが与えられていて、何度でもそうなるとして、その結果、Aを出すのが、帰納(induction)である。人間の場合と同じように、最後の豆が予想を裏切ることもあるから、確実ではないが、この推理もかなり信頼できる。ところで、AとCが与えられていて、Bを導き出すのが、アブダクションだが、間違えることも少なくない。アブダクションとは、「仮説形成」などという訳語もあるが、「山勘、当てずっぽう」の一種と考えれば話が早い。たとえば、袋に白い豆だけが入っていることが分かっていて、そばに白い豆が落ちていたら、その豆は袋からこぼれたのだ、と考えるのがアブダクションである。当たれば名推理と言われたりもするが、この推理がはずれることも少なくない。

アブダクションは、アリストテレスの『分析論後書』に登場してくるものだが、それに注目した人物にC・S・パース(一八三九―一九一四年)がいる。パースは、知覚判断もアブダクションであると述べているが、人間の表情や言葉から、その人間の心的状態を推理することは、アブダクションになるということを述べていたようだ。言葉や表情も、ウソや演技であったりするから、だまされるのは日常茶飯事である。

ここで、再び、口では「食べていいよ」と言いながら、顔の表情を見ると、目をつり上げ〈食べてよいわけないでしょ〉と表現している場合を考えてみよう。

A　aは真面目に述べている、つまり思想をそのまま表現にもたらしている
B　aはPという思想を持っている
B′　aは～Pという思想を持っている
C　aはPと表現［言葉］する
C′　aは～Pと表現［表情］する

与えられている状況は、AとCとC′である。すると、BとB′という、矛盾しあう結論が得られる。この場合、他人の気持ちは分からないことになる。子どもならいざ知らず、普通の人間は、そういう事態にとまどいはしない。

つまり、以下のように二つのチャンネルに分けて、推理するのであり、だからこそ、お世辞をお世辞として、皮肉を皮肉として受け止めることができる。

メイン・チャンネル
［1］　aは真面目であり、思想と表現［表情］は一致している
［2］　aは～Pという思想を持っている
［3］　aは～Pと表現する

サブ・チャンネル
［1′］　aは皮肉・冗談・演技を行っており、思想と表現［言葉］は一致していない
［2′］　aは～Pという思想を持っている
［3］　aはPと表現する

ところが、ダブルバインド的環境で育つと、このような複数のレベルにまたがる推理ができなくなるという。これが精神分裂病の起源の説明として有効かどうかは措くとしても、他人の気持ちが分からなくなる、という事態のモデルにはなりそうだ。

［1］／［1′］のフェイズは、表現・コミュニケーションを本気で行っているかどうかに関わるもので、メタ・コミュニケーションのレベルを表している。［1］／［1′］のフェイズには、冗談・皮肉ということも含まれ、情報の受容者は、表の意味でとるべきか裏の意味でとるべきか、調べる機会が得られるのが普通である。ところが、そのようなメタレベルが調べられることをいやがる人間がいる。そういう人間は、「おれの言うことが信じられないのか」と激怒したり、「その目つきは何だ」と、口より手が活躍しがちである。自分も同じ目に遭ってきて、コミュニケーションの重層性を確かめる機会を持てなかった人間なのだろう。

［1］／［1′］のフェイズに立ち入ることを禁じられた場合、とりうる態度は、既に述べたことだが、

(1)総てを裏読みする、もっと正確には表と裏の意味が考えられる場合、自己防御的にすべて自分にとって悪い方に受け取り、失望・絶望を予め防いでおくか、(2)すべてを文字通りに受け取り、非言語的なコミュニケーションは無視して、明示的に表現された言葉によるコミュニケーションしか認めないか、(3)総ての表現が表でも裏でも受け取れることに絶望して、コミュニケーションから退却するか、のいずれかの道が普通の対処法である。

人間が行う表現行為は、言葉による表現でさえ、複数の層があるが、表情、身振り、態度などの非言語的コミュニケーションにおいても、多様な層が見られる。もちろん、非言語的コミュニケーションの層は、制御が難しく、その層でウソをつける人は案外少ないため、本音が出やすいわけだが、それはともかく、幾重にも及ぶ層において、表で読むか裏で読むかを色分けする、コミュニケーションの地図を、察しのよい人は瞬時に作り上げる。

論じるべき問題点はこの先にある。こういった複数の層は必ずしも同時に生じるわけではない。落ち着かない眼の動きの後に、ウソが語られることを思い起こせばよい。総てウソしか述べない人間とか、ウソとホントをランダムにまじえながら話す人間は存在しない以上、ひとまとまりの話はシークエンスをなし、シークエンス毎にウソかホントかが定まっているのが普通だ。シークエンスが転調し、ホントの話がウソ・皮肉・お世辞に移行するとき、ほとんどの場合、シークエンスを仕切るシグナルが用いられる。声色の変化でも、身振りでも、笑い声でも、「冗談だよ」という言葉でもよい。

ところが、このメタ・コミュニケーションに属するシグナルをコミュニケーションとして受け取ること、つまり言葉をすべてバカ真面目に受け取ることも十分可能なのである。天井を指さす右手の人差し指は、イデアを指さすためのものとも、これから冗談を言うシグナルとも、左手で鳩を取り出すための隠蔽工作とも考えられるから。

ということは、転調のシグナルは、瞬時に悟られる場合もあるが、話の進展の中で、時間差を置いて気づかれる場合が多いということだ。それればかりではない。話し手の方でも、自分が何を話したいのか分からぬまま、話を始めて、話が進むにつれて、なぜ自分が先ほどの話を始めたのか気づく場合もあるが、その場合、コミュニケーションとメタ・コミュニケーションの区分を制御できるわけではない。

ここからどういうことが導き出されるのだろうか。予め話の筋を決め、どのような話しぶり、表情をするかのシナリオを決めておく場合、独話（モノログ）の一種なので話は別だが、対話の場合、つまり、話の進展に応じて、語り手の意思もまた変化していく場合、初めからコミュニケーションとメタ・コミュニケーションが分離しているのではなく、渾然として融合している。この両者のレベルが融合している状態を、私はコミュニカビリティと呼びたいのだ。さらに言えば、コミュニカビリティが分節化することで、コミュニケーションとメタ・コミュニケーションに分かれてくるということだ。コミュニカビリティの自己展開としてコミュニケーションがあるという構図を読み込んでもよいかもしれない。

結局、コミュニカビリティの層を持ち出すのは、語ることをそもそも可能にする前提条件が、語ることに先立って存在するという装いを取りながら、語ることの中で整えられていくこと、おそらく、可能性の濃度が現実のプロセスの中で充実されていく過程があるということが述べたかったのだ。

時(とき)が本来「解き・溶き・説き」であって、自らを解きほぐし、展開する中で、己の姿を現すのと同じように、語ることも自らを解いていくのだろう。コミュニカビリティはそこにある自己展開のモチーフを表すものだが、それにとどまるものではない。聖霊論に見られたような反転可能性を取り込み、さらに、具体的な〈形〉を受け取るための母型を備えたものでなければならない。もちろん、母型といっても、分節化された構造ではなく、渾然たるものでしかないのだろうが。つまり、〈形〉に先立つ〈かたち〉が存在しなければならないと述べてもよいだろう。

では、〈かたち〉とは何なのか、そして、〈かたち〉は上記に述べた規定を充たすことはそもそも可能なのか、そして可能であるとすると、どのようにしてなされるのか。

第４章　肉体の現象学

前章でコミュニカビリティという概念を持ち出さなければならなかったのは、媒介の問題を論じるため、〈見えないもの〉が〈見えるもの〉に転じる局面を扱うためであった。もちろん、このことで、神と被造物、一と多、精神と身体、ひいては私と他者の間にある共約不可能性が媒介されるというようなことを考えているのではない。コミュニカビリティ(communicabilitas)と共約不可能性(incommensurabilitas)とは、矛盾対立する概念ではなく、後者が前者を前提し、前者が後者を際だたせるものである。こう考えるのは、共約不可能性もまた断絶のひとつなのだが、断絶が絶対的に措定された場合、無媒介的な飛躍、つまり天使主義的飛躍が生じやすいことを考えてのことである。乖離と落差が明確に措定されていなければ、二元論的乖離はべったりとくっついた一元論に堕しやすい。コミュニカビリティは、乖離を乖離として守るための尺度(mensura)であり、いわば共約不可能性を守るためのものだ。さらに言えば、同一性と差異性は、一方が他方を含み、同時に一方が他方に含まれるようなものになっていなければならない。

別に難しいことを語っているのではない。「肉体」ということの不可解さを語りたいということだ。〈見えないもの〉から〈見えるもの〉への変化を、一者からの多の流出と捉えようと、普遍からの個体の生成と捉えようと、存在からの存在者の発生と捉えようと、そこには形あるものと形なきものを媒介するものが見出され、個体化・現実化・物質化・受肉がそこに生じる。その場合、「肉体」を普通の生身の肉体と考えようと、高度に抽象的な「肉」の意味で捉えようと、肉体とは、身近で、自明で、具体的で、直接的であるため、不思議さを喚起しないが、そういった気づかれないものこそ、気づかれないために、何ものかを守ることができるのだ。私がここで知りたいのは、「肉体」という不可解なものが、どのようにして身をやつし、姿をくらまし、人目を避け、おのれを語らずにいられるかということだ。

1 魂と肉体

ところで、身体・肉体はどう捉えられてきたのか。肉体はピタゴラス派やプラトンにおいては、「魂の牢獄」として捉えられ、「肉体は墓場なり(ソーマ・セーマ)」とまで語られていた。そこには、魂は本来、天上のものであり、肉体という穢れた足かせのために現世にとどまっているという発想があった。現世が混乱に満ちた、心の平静の得られないものであれば、人間は自分の本来のすみかが現世でなく、天上にあると考えるはずだ。

二、三世紀に隆盛したグノーシス主義もその流れを継承していた。現実を居心地のよくないものと考えれば、肉体は現世という物質的な世界に住まうしかないから、本来の自分は魂にあり、その魂はこの世界に属さず、魂の本当のすみか・居場所は別の世界や天上にあると考えるのが、人情の常だろう。グノーシスの神話の中にはそのようなモチーフを示すものは多数あるが、次の一節はその側面を端的に示している。

彼女〔＝魂〕が一人で父のもとにいた間、処女であり、同時に男女の姿をしていた。しかし彼女が身体の中に落ち込み、この命の中に来たとき、そのときに彼女は多数の盗賊の手中に陥った。そして無法者どもは交互に彼女を襲い、彼女を辱めた。ある者は暴力で彼女に障害を与え、ある者は偽りの贈り物で彼女を説得した。要するに、彼らは彼女を陵辱したのである。こうして彼女は処女を失った。

（ナグ・ハマディ文書『魂の解明』）

この一節には様々な重要な論点が含まれているが、ここで取り上げたいのは、魂は本来無垢で、肉体と関わりを持つことは、「魂への陵辱」であるというイメージだ。なぜ肉体が魂を守り育てるための住まいとして表象されなかったのか。現実世界以外の居場所という、本来あり得ない空間を作り上げるためには、そしてそのあり得ない世界への正当な市民権を主張するためには、現実世界の方が魂を暴力的に追放した、だから魂は無実・無垢・イノセントだというイメージが必要なのだろうか。

ところで、中世、いわゆる「暗黒の中世」が禁欲主義の時代であったとすれば、中世はグノーシス主義の忠実な後継者であるという理解も成り立ちそうだ。確かに、中世には禁欲を説いた人間も少なくない。とすれば、中世においても、肉体は魂を陵辱するものだったのか。

もちろん、中世という時代区分そのものが恣意的で、一千年間近くにも及ぶ以上、一括りにするわけにもいかないのだが、中世の始まりとされる五世紀あたりまで、つまりキリスト教の初期の教父達が活躍した時代までは、禁欲主義的色彩は強かった。ところが、その後、〈地中海文化のアルプス越え〉とも言えるカロリング・ルネサンス、そしてその結果としてのヨーロッパが登場したわけで、「中世」と言っても時代的にも地域的にも思想的にも中世には断絶があるわけだが、ともかくも度重なる修道院改革運動の後、一二、三世紀には修道院と托鉢修道会の数が激増していった。そのことは、必ずしも禁欲主義的傾向がヨーロッパ全土を覆ったことを意味していないようだ。一概には言えないのだが、当時の修道院の飲食に関する記録を見る限り、厳しい禁欲が守られていたとは言えそうにもない。少なくとも、世俗社会の中では、一二、三世紀における商業・農業の発展による、物質的生活の著しい豊潤化を考えた場合、禁欲や肉体の侮蔑は言説としては流通しながらも、心性の基本をなしていたとは思われない。

トマス・アクィナスの「恩寵は自然本性を廃棄せず、むしろ前提し、完成する(gratia non tollit naturam, sed praesupponit et perficit)」という言葉は、自然本性(natura)が人間が生まれてきたときに与えられているすべてを指す以上、肉体の否定を意味していたはずがない。グレゴリオス・パラマス(一二九六―一三五九年)のように、体は魂よりも善く神に近いとまで述べる神学者もいたのだ。

体は神の光を受け取り、摑むことができないなら、魂はどうして体より劣っていないということがあるだろう。魂が神を光の内に見るのは、魂が神を光の内に体の仲介によって見るのであるならば、どうして物質的で死すべきこの体の方が魂よりも神にいっそう類縁であって、いっそう近接し、またより近くないであろうか。（パラマス『聖なるヘシュカトスのための弁護』）

もちろん、このように述べることは肉体を肯定するというより、肉体を侮蔑することで生じる精神の傲慢を避けるためのものだったのだろうし、また、パラマスは東方正教会の一代巨峰であって、聖トマスとは別の思想圏に属しており、同じ文脈に組み込むわけにもいかないが、肉体の蔑視による禁欲主義が支配的ではなかったことの傍証にはなるだろう。

荒っぽいまとめになるのだが、中世では、祈りに参与するのが精神だけではなく、肉体でもあるからこそ、祈りの言葉、姿勢、身振りが重視されたのだ。つまり、恩寵の対象となるのは、人間の精神だけでなく、肉体まで含めた、全体としての人間であり、肉体を切り捨てる発想は少なくとも正統的見解になかったはずだ。来世のことばかりでなく、神の国を現世の中に見、現世の秩序を重んじるとすれば、肉体を軽視することなどできるはずもない。

ところが、近世にはいって、人間の身体は機械と見なされるようになっていく。その際、身体が機械と見なされることは、身体が精神によって支配されない独自の組織体であって、身体も精神と同じように主体としての機能を持つという発想も可能だったはずだ。そして、機械は、自分で運動するもの(オウトマトン)という側面をもったものであった。したがって、精神としての身体という側面が表面化することも十分可能であった。

しかしながら、「オウトマトン」ということは、人間の意思とは無関係に「自ずから」生じてくる現象、つまり偶然の一種と解されていたのである。例えば、建て付けが悪くて、「自ずから」開いてしまう扉のようなものが「オウトマトン」なのだ。もちろん、技術の蓄積によって、ゼンマイ時計のようなものが発明されてくると、制作されてしまえば、自分で動き続けるメカニズムとして「機械」が捉えられるようになっていく。制作者が不在であっても、制作者の意図に即して動くもの、これが「機械」とされていく。近世初頭における自然観は、神がいったん世界を創造した後は、神が不在であっても、そこに内在する自然法則や力によって、制作者の意図通りに動く機械として捉えられていた。

人間の身体は精神の下す命令に従うものだ。精神こそ、身体の主人・主体である。精神の意図に即して、動く機械なのだ。精神が身体の主体であるという発想は、近世における身体論の基本的構図であった。もちろん、その時代も精神が身体によって左右される事態を見逃していたわけではない。精神が身体によって左右されること、つまり精神が身体から作用を受けること=受動作用(passio)が、情念(passio)とされていたのだ。情念とは、精神が自分で制御できない心的状態なのである。例えば、払っても払ってもこみ上げてくる怒り、相手の不在を苦しみ悩み、近づき、触れ合うことを激しく求める熱情などは、その典型である。その際、近世の情念論の目標は、情念の虜となった精神を情念から解き放し、身体に対する支配を取り戻すことに置かれていた。ということは、精神が身体を支配する状態、いわば、何事にも酔わず、冷めていること、そこに理想状態が置かれたということだろう。中世に人々が激しく泣き、大声で笑い、騒ぎまくる姿とは対照的である。近世において、身体は精神の機械であるばかりでなく、精神の機械であるべしとされたのである。

だが、そこに傲慢は生まれなかったのか。人間の魂は本来天使的なものであって、肉体をまとったために、穢れに陥り、有限性・可死性が入り込んだという発想は、魂の全能感を前提しているように見える。魂は本来イノセントなのであって、肉体を持ったがために、大地に縛り付けられるようになったという神話は、傲慢の萌芽を十二分に備えている。身体は無際限の快楽など求めないからだ。無際限の快楽を求めるのは、魂の方だ。

魂は身体を所有しているのではなく、束の間のあいだ、預かっているだけなのかもしれない。優れた才能が、個人に帰属する所有物ではなく、たまたま或る個人が預かっているにすぎないという発想と同様に、精神と身体との結びつきは、「所有」関係によって捉えられるべきものではない。ではなぜ、近代は身体を所有の対象と考えてしまったのだろう。

2　身体の聖性

身体が自分の所有物であるならば、身体の一部を使用に供したり、売り買いしたり、破滅に至らせたりすることは、自分の権利に属するのかもしれないが、身体は所有物なのだろうか。身体ならば、「もの」であるから、自分の所有物のようにも見える。しかし、「生命」ならばどうか。魂でさえも、個人のものではなく借りもの、預かりものであるという発想は、現代ではあまり受け入れられそうもないが、古代には珍しくない発想だ。それはともかく、ここで考察されるべきなのは、もし身体が借りものであるとすれば、精神と身体を結びつける「絆」は何になるのかということだ。

その「絆」のあり方を見るために、「血と肉」について見ていこう。さて、聖書の中には、なぜ血や肉の話があれほど登場するのだろうか。血は穢れの典型的なものだ。血は、生理的な嫌悪感・恐怖感を引き起こすからだけでなく、公共的な場面から隠され、消される。血にまつわるタブーが公私いずれの場面でもいかに多いかはここであらためて述べるほどもないほどだ。

血について語るべきことは山ほどあるが、ここで一番注目したいのは、血が生から死へ、死から生への移行の媒介・臨界をなすことだ。日常・「ケ」と非日常・「ハレ」を分かつ標識となっていることだ。標識や徴のついたものはすべて非日常の世界に属しており、日常の世界に持ち込むことはきびしく禁じられる。

ところで禁じられる事柄はそもそもその存在が望まれていない場合にも見出される。たとえば、犯罪的行為などである。しかし、血に代表される穢れが禁じられるのは、その非存在が望まれているからではない。絶対的に穢れの非存在を求めるならば、天使になるしかない。同じことだが、排泄物が人目に触れることを禁じられるのは、その非存在が望まれているからではない。外部と内部の中間に位置するものは排除されるのだ。生を死に、死を生に結びつける血は、生と死の中間・媒介・第三項であり、排除されねばならないものなのだ。

境界の上にあること(リミナリティ)は、曖昧かつ両義的な性質を有する。このあり方は文化的空間を成立させる分類の網の目からはみ出しているからだ。両義的なものは、内部にあるのでも外部にあるのでもない。このようなものは、区別し分類することで事物の秩序を構成しようとする精神にとっては、不気味なものである。文化人類学で指摘されるように、このような両義性は、しばしば死や子宮の中にいること、不可視なもの、暗黒、男女両性の具有、荒野、そして日月の食に喩えられる。分類し区別するシステムが成立していない場合、カオスが登場するが、これらの象徴の意味するものは、まさにカオスなのである。カオスといっても、秩序空間の原初に想定されるカオスと、秩序空間のシステムを混乱させた結果生じるカオスとでは意味が異なる。そして、両義性とは、外部と内部の中間にある曖昧な領域というよりは、内部と外部を成立させる源泉でもある。端的に言えば、両義性やカオスは物事を産み出す源泉なのである。だからこそ、宇宙の始まりにカオスを置く神話もよく見られるのだろう。

宇宙の創造は、外部と内部との往還として語られる。宇宙の創造のさいに、性交というイメージが語られるのは、性交が生産的活動であるばかりではなく、内部と外部の往還＝相互浸透だからであろう。ところが、内部と外部の往還を司る法則は、明文化されるような顕在的法則とはなりにくい。もし顕在的に法則化できるならば、それはカオスとはなり得ない。いや、語り方が逆だ。法則を有し、理性のもとに収まりうるものが、あえてカオスとしてのあり方を持ち続けるための条件は何なのか。それがタブーだ。

タブーとは、禁止の規則であるより、何ものかを保存するための法則なのだ。タブーとは、往路と復路を作り出すことで、可逆性・反転可能性を引き起こす装置と言ってもよい。祭りにおいて見られるように、タブーが人目にさらされ、触れられることで、聖と俗は交通し合い、反転を遂げる。タブーは、日常においては禁止法則として機能するが、禁止法則としてのみ見るのはまったく一面的である。むしろ、タブーとは、日常世界と異質の世界をつなぐ入り口であり、日常世界の入り口であると同時に出口でもある。タブーという入り口が開かれるのは、一定のエネルギーが蓄積された場合である。タブーとは特異点であり、両義性が現れる場所である。両義性が顕在化した場合、日常世界に出口ができてしまうので、日常世界では矛盾律と同一律によって両義性が表面化しないようにしておくしかない。タブーとしての開口部は、一定の備給水準にまで達していない場合には、単なる禁じられた領域としてのみ機能する。

血と肉は、多くのタブーを伴う領域であり、生と死の往還を操作しうる（と考えられた）両義的なものである。性欲や性交がタブーとされたのは、禁止されるべきものだからではなく、両義的なものであるが故に、タブーの中で守るしかなかったからだろう。性に罪悪感が伴うのは、タブーを維持する心的装置が罪悪感だったからだ。タブーによって守られている限り、罪悪感はなくてはならないものだ。タブーとは、禁止の体系なのではなく、タブーの適用される領域を、人間と結びつける規則の体系なのだ。

中世に話を戻せば、中世において、肉体や肉体的快楽は、以上に述べたような意味で「タブー」であったと言えるかもしれない。或る対象を言葉の市場に引きずり出し、祭り上げることが、その対象を重視することとは限らない。語らずにおくことも大事に守り育てる方法の一つである。

3　身体図式と身体イメージ

タブーとは、可逆性・反転可能性の文法として捉えられるわけだが、そこには、〈見えないもの〉と〈見えるもの〉との往還が見出される。ここでは、特に、〈見えないもの〉から〈見えるもの〉への移行の側面に注目しよう。受肉の過程に知られるべきことがあるからだ。肉体をめぐるタブーと、受肉が関連することは、当然のことだろう。しかし、内部と外部の反転可能性だけでは、受肉・物体化の一面しか捉えられない。というのも、物体化とは、具体的な「形」を受け取ることでもあるからだ。

血や肉は、身体の表象として消えつつあるが、その機能は失われているわけではない。「形」が成立してくる前提に関わるところがあるように思われる。その際の手がかりとなるのが、「身体図式」と「身体イメージ」という概念である。

〈身体図式(body schema)〉とは、自分の身体全体または身体の部分の空間的関係に関するイメージ(身体像)を成立させる意識下の働きであり、常に意識の中心にあるものではないが、それは常に身体の動き・調整・イメージの尺度を形成し、その尺度に従って、当人が引き続いて起こる変化が判断できるようにするものである。こういった一見抽象的な身体の層が持ち出されるのは、身体のあり方に関する現実的なイメージである〈身体イメージ(body image)〉が絶えず変化していながら、身体表象の連続性・統一性が見出されるからであり、だからこそ〈身体イメージ〉の下に、別の身体の層が想定されたのである。この〈身体イメージ〉は、〈身体図式〉をいわば「文法」として、この図式の上に構成されるのである。

自分の身体がどんな姿勢をとっているか、身体の諸部分の関係がどうなっているかは、〈身体図式〉の働きに基づいて意識されることとなる。それればかりではなく、着衣などの空間行動を視覚など用いないで適切にできるのは、〈身体図式〉のためである。〈身体図式〉とは、意識に上らなくとも、身体を自分の身体として、身体の諸部分が相互に調整された状態で機能するものであり、現実的な身体表象や身体運動を準備するものである。

この〈身体図式〉は、多数の感覚的経験や運動的体験が統合されて形成されるという。そして、〈身体図式〉が意識されるようになると、〈身体イメージ〉として現れることになる。もっとも、ふだんは〈身体イメージ〉も順応の結果、意識されることのないまま、〈身体図式〉にとどまることは多い分の身体が外界の事物や人間と異なることに気づくきっかけを与えるわけであるから、〈身体イメージ〉の基礎にある〈身体図式〉は自己概念の基盤ともなる、とされるわけである。

もう少し、〈身体図式〉と〈身体イメージ〉について説明を加えておく。この〈身体図式〉も、〈身体イメージ〉も、決して人間の皮膚に限界づけられているものではない。例えば、自動車を運転する場合には、〈身体図式〉は自動車のボディにまで拡大しているわけで、〈身体図式〉は空間的に限界づけられるのではない。むしろ、時点毎に変動流転する身体をとりまとめ、現実の身体の統一性を準備するものである。そして、〈身体図式〉に含まれるものは、身体外にあるものだけでなく、体感、内臓感覚、運動感覚といった、身体内にありながら、空間的に定位しにくいものも含まれている。

〈身体イメージ〉の方は、とりあえず身体が我々に、主として視覚に与えられる現れ方・身体の自己現出・身体について各自が有する三次元的なイメージであるが、これは決して身体についての感覚的刺激を統一したものにとどまるのではない。〈身体イメージ〉はとりあえず体位モデル、つまり、身体の位置・関係・状態に関する生理学的映像として与えられるばかりでなく、情緒的な映像も含まれている。

〈身体イメージ〉に情緒的な映像も含まれることとは、例えば、痩せている女性が、「太った体」として感じる場合にも見られるわけだが、自己をどのように見、自己をどのように形成するかに関わるところが出てくる。情緒的な映像には、自己の身体についての感情、思考、記憶、態度などがすべて含まれているが、さらに〈身体イメージ〉には「リビドー的構造」があると言われる。

ここで、リビドーとは性的欲望に限定されるわけではないが、リビドー的構造が〈身体イメージ〉に備わっているというのは、各人の〈身体イメージ〉が、特に思春期・青年期には、人間関係、それも性を随伴した人間関係に基づいて形成されるからである。〈身体イメージ〉は、当人の個人的歴史だけでなく、その人の他者に対する関係、他者のその人に対する関係の歴史に基づいているのだ。だから、〈身体イメージ〉のリビドー的構造がその後の人格形成に大きな影響を及ぼすことは、予想しやすいことだ。性欲には「人間的欲望の学校」という面があるのだろう。いや、性的欲望ぐらいにしか、人間は最も隠されるべき穢れを配置できなかったのだ。それ以外に考えつかなかったのだろう。ともかくも、リビドーの発達レベルは〈身体イメージ〉の構成と破壊の基本的要因となるわけだ。

さらに、〈身体イメージ〉には、生理的にまたは心理的に身体に属するものだけでなく、いわば「連想」によって自己に属するもの・属したものも含まれる。衣服・アクセサリー・化粧・仮面など身につけるものはすべて〈身体イメージ〉の一部となり、その他、声・呼気・体臭・糞便・尿・精液・経血なども、体外に出てもそれが自己所属性を失わない限りは、〈身体イメージ〉の一部をなしている。こういったものは、前節でタブーを考察した際に示されたように、外部と内部の交叉・反転の生じる境位であり、身体の統一性はそういうものの文法によって成立している。これらのものは、(1)かつては身体の一部を構成していたが、身体から離れ、身体とは別の事物になりながらも、身体を起源としているために、身体のそばに留まり、だからこそ意図的に身体から離されねばならないものか、(2)長い期間にわたってか、または日常的に繰り返し、身体と接触しているか、身体と結合することによって、身体とは別のものでありながら、身体とほとんど同化してしまったものである。

このようなものは両義的に身体に属しているのだ。その意味では不安定な仕方で身体に属している。だからこそ、〈身体イメージ〉の異常は、こういった、両義的に身体に属するものに関わって生じることが多い。こういった両義的なものと関連する身体部位は、穢れたものとして周辺部に配置される。周辺部は、意識において抑圧されることで周辺化することもあれば、耳たぶや足の指のように、意識が及びにくいが故に、周辺的であるものもある。身体の統一性は、実は周辺部にあるものを中心化することによって具体化する。ピアスによる装飾が、概して周辺部になされるのは多分そのせいだろう。いや、周辺部が他者によって承認されれば、その全体が承認されることにもなる。全体が承認されるための徴表が成立するために、周辺部は意図的に作られるしかない。身体に穢れたところが作り出されるのは、曖昧な中心の交流を示す記号としてである。穢れたものにおいて交わるというイメージ――穢れたものが何であろうと――は、〈身体イメージ〉にとって不可欠である。性が穢れた領域とされる理由の一つは、あまりにも人間的なコミュニケーション・システムの構成の内に見出されると思われる。そして、この不安的な内属関係は、逆に身体の維持に必ずしも重大な影響を及ぼすものではないがゆえに、個人の好みによって様式化することができる。逆に、肉体に関する心理的イメージの方は、もちろんエステティックサロンや整形美容を利用して、身体そのものに大幅な加工を施すことで変化させることはできるが、TPOに応じて変更することができないために、両義的なものとは対照的である。両義的なものは、かなりの自由度を持って変更できるからである。両義的なものは自由度を有するとともに、不安定なものだから、そういったものを制御するのは、身体化し、慣習化した能力(ハビトゥス)がないと困難なものである。毎日〈身体イメージ〉を変えたがる人間はいるだろうが、〈身体イメージ〉は自己イメージと連動している以上、比較的安定した〈身体イメージ〉、または変化はあっても一貫性のある〈身体イメージ〉を求めるのが普通の人間だ。そのためにも、身体に定着した、身体を装う能力が求められるのだ。

〈身体イメージ〉とは、当人の意識に映じた身体の〈形〉なのだが、そこには他者への関わりも含まれているがために、人間関係の〈形〉にもなっていると言える。日本語の「身なり」にはそういった意味合いが含まれている。ともかくも、〈身体イメージ〉にいくつかの層があり、身体の形態のみならず、他者との関わりをめぐって生じる人間的欲望の〈形〉も含まれている以上、かなり複雑な構造を有していることは予想できる。リビドー的構造は、決して狭い意味での性的欲望に関わるのではなく、自己同一性が自己の性の受容——選択的であれ、受動的であれ——を必要とし、しかも性の受容には性化された欲望の己有化を前提とする。そして、性的欲望は普遍のみを対象とすることはできないので、対象の側での個体化と欲望の己有化という二重の個体化が求められることになる。しかも二重の個体化は、別々の個体化であって、条件が揃わない限り、同時に実現することは困難である。その意味で、性欲は難儀な欲望である。

さて、このように〈身体イメージ〉にリビドー的構造、つまり他者との関係を含んだ側面があるとすれば、当然のことながら、〈身体図式〉にもリビドー的な層があるはずである。〈身体図式〉のリビドー的層は、他者との関係の原形式であり、そこから様々な〈身体イメージ〉が浮かび上がってくるはずだ。もし〈身体図式〉のリビドー的層が、幼い頃の外傷経験によって傷つけられているとすれば、その〈身体図式〉から現れている〈身体イメージ〉は、歪んだものになるしかない。歪められたまま固定化した〈身体図式〉は、その後のコミュニケーションの形式にも当然影響を与える。コミュニカビリティの個体化・現実化は、他者との関わりのなかでしか成立するはずもないが、〈身体図式〉はコミュニカビリティという中立的なものに、方向性を与える機能を持っていると思われる。〈身体図式〉とは、コミュニカビリティが個別的な現実性に到達する条件なのである。性差、生地、家族環境などは、いわば「偶有性」なのだが、始源にあった中立的なものが現実化することは偶有性を取り込むことであり、偶有性を受容する生地が必要となるが、その生地が〈身体図式〉なのだ。

傷ついた〈身体図式〉を持つに至った人間は、傷をかばうために、保護的な〈身体イメージ〉を持つかもしれないし、反復強迫に陥り、〈身体図式〉に刻まれた傷を実際の経験の中で繰り返さずにはいられないということも起こるだろう。〈身体図式〉がかなり固定的な枠組みである以上、快感原則に反する行為が反復されるということは、何ら不思議なことではない。払い捨てようとしても、湧き起こってくる不愉快な〈身体イメージ〉、たとえば他者から与えられた虐待行為・陵辱行為、そのときの他者の姿、肉体に残された傷から、逃れ去ろうとしても、〈身体図式〉に刻み込まれている場合には、かえって逃れようとすることが、過去のイメージを蘇らせてしまう。〈身体図式〉は本当に少ししか組み替えることはできない。

このような意味で、〈身体図式〉と〈身体イメージ〉について、それぞれが他者との関係を含んだものであることに注目すれば、それぞれ「他者関係図式」、「他者関係イメージ」と言うこともできる。他者への関係、特に情緒的な関係は、感情といったものが時間的なものであり、しかも他の精神状態と一緒になって心を占めるものではないがために、きわめて不安定なものである。ある場面で抱いた心の高まりも瞬時に消え失せることがある。絶えず消え失せるとしても、何度でも呼び起こすことができれば、そのようなものは心の中にあるものとして考えてよいだろう。何度でも呼び起こすことができること、これが「ハビトゥス」である。感情は心の状態というより、ハビトゥスなのだ。ハビトゥスについては後に見ることにするが、ハビトゥスが定着するには、身体、いや少なくとも身体的なものが必要だ。だから、自己の身体へのイメージ(身体イメージ)が明確になっていない場合、人は安定した感情を持ちにくい。安定した感情を抱くために、人は自らの身体を形作り、装う。しかしながら、〈身体イメージ〉を明確にしても、安定した心の状態が訪れるわけではない。他者との関係は、基本的に問いかけと応えから成立しているからだ。自分の眼差しに感情があるのではなく、眼差しを交わし合うことに感情の現実態がある。

〈身体図式〉とは一つの〈かたち〉――〈形〉と区別して考えている――、いや様々な具体的な人間関係の母型であり、しかもそれが情緒的な負荷を予め担っているものだ。初対面の人間と出会う〈かたち〉、悲しいときの〈かたち〉、恐怖に出会ったときの〈かたち〉。それらは、すべて身体の形態、状態などを組み込んで成立している。情緒的な負荷が与えられているというのは、他者とは自分を保護してくれるものなのか、自分にとって敵対するものなのか、というような外的世界・人間との関係の基本的モードなのだ。

他者との関係は、たとえ同一人物についてであろうと、様々な姿をとる。たとえば仕事、遊び、家族、もう少し細かい場面では命令、依頼、協同などなど。そして、それぞれがひとつのコミュニケーション・チャンネルなのであるが、それらのコミュニケーション・チャンネルも、ある具体的な〈かたち〉を求める。礼儀作法も〈かたち〉のひとつだ。重要なのは、物質化し、現実性となった〈形〉ではなく、可能性として、ハビトゥスとしてある〈かたち〉なのである。〈かたち〉とは、学ばれるものであり、学ばれた結果は意識下に沈み、あまり意識されなくなるものだ。身体は記憶の倉庫、身体はハビトゥスの座である、と言ってもよい。

さて、〈かたち〉それ自体に傷がある場合、その〈形〉から生まれるものにはゆがみが生じる。肉体に対して有する罪悪感は、この〈身体図式〉に刻まれた「傷」の典型的なものである。そして、その傷は人間の本性に刻まれたものでも文化的に刻まれたものでもない。

セクシャリティもハビトゥスも、己を持するあり方なのである。ハビトゥスは身体に沈殿し、意識に上らないようになって、ハビトゥスとして定着する。ハビトゥスが意識に上らずに、現実化するためには、潜在性の座が必要であり、その座が身体なのである。ハビトゥスとは、「身体の技法」

なのだ。

ハビトゥスの特徴には、現実的な作用ではなく、ある状況の中で作用・行為を行いうる能力であるということがある。三〇年ぶりに自転車に乗ることが造作なくできる場合、その三〇年間というのは、たとえ一度も自転車に乗っていないとしても、そこにハビトゥスは存続しているのだ。ハビトゥスのもう一つの特徴は、状況との関連の中でハビトゥスが形成されるということだ。簡単な例は、小学生の時に覚えた唱歌の歌詞を、メロディーをつけないで唱える場合を考えてみればよい。歌詞とメロディーは密接に結びつき、バラバラに思い出すことは不可能ではないとしても困難な作業となる。

他者と関わるハビトゥスの場合、ハビトゥスが実現される状況には、当然のことながら他者が関与してくる。家族の間だけで交わされていた話し方や方言を、赤の他人の前で話そうとするときに困難を感じることはその一端だ。スポーツなど、身体的なハビトゥスの場合であれば、他者との関わりは薄いが、人間との関わりの中でのハビトゥスには、他者が組み込まれているのではないか。

快楽もハビトゥスであって、しかも他者との関わりを持つハビトゥスであるとすれば、どういうことになるのか。たぶん、完全に私的な快楽は存在しない、ということになる。いかに私有される快楽であろうと、共有される快楽でもある。なぜならば、人間の欲望が、欲望への欲望という形式をとる限り、他者の快楽が欲望の対象となり、そして同時に自分の快楽になってしまうからだ。

対人関係のイメージはそれ自体ではなかなか表象しにくい。具体的な身体動作や、肉体の〈形〉や衣服として表象されるが、それだけでは、性的でない人間関係のイメージと区別がつきにくいから、性的に特化したイメージが強調される場合がある。人魚姫や白雪姫の童話も、椎名林檎のように激しい愛を唱う歌謡曲も、性的〈身体イメージ〉の形成という点では機能が同じだ。そして、〈身体イメージ〉が形成されて初めて、他者との恒常的関係、様々なコミュニケーション・チャンネルの移動を含む関係を形成できる。

話を戻せば、〈身体イメージ〉はリビドー的構造であり、対人関係のイメージによって形成されるのであり、対人関係の中でも本人に影響力のあるのが性的関係であるが故に、性的〈身体イメージ〉でもあるということが要なのだ。セクシャリティとは「絆」であるといってもよい。セクシャリティが、普通の場合は、異性間の肉体関係にのみ関わりそうに見えて、実はそうではなく、他者一般との関係を規定しているものだということは、忘れてはならないことだろう。

セクシャリティを充足する行為とは、結果として与えられる緊張の消滅や感覚的快楽を目的とするるのではなく、充足の可能性の条件、いやそもそも充足することが可能となる資格・条件を与えるものである。性的欲望において、欲望が目指すものは、欲望の結果ではなく、欲望の前提にある。男(女)になろうとし、男(女)であり続けようとして、涙ぐましい努力を続ける人間は、可能性の条件を求めているのだ。もちろん、目的を追い求めるように文化によって飼い慣らされた人間は、この欲望をめぐる基本的詐術に気づかないことも多いが。

4 肉体とハビトゥス

さて、「ハビトゥス」とはどういうことなのだろう。通例、ハビトゥスは「習慣」と訳されるが、意味がずれるところがある。「習慣」とは、外に現れた行為や生活の型であるが、ハビトゥスとは、むしろそういった型を産み出す能力であり、しかもさらに重要なのは、個人の生活の中でなされる行為の型よりも、むしろ他者との関わりの中で行われる行為を産み出す能力なのである。既に見てきたことから示されるように、ハビトゥスとは身体化した能力であるとすれば、そこには〈身体図式〉と〈身体イメージ〉が関わってきて、案外複雑な構造が待ちかまえていると予想される。

本来のハビトゥスに立ち入る前に、日本語による習慣の表現を見ておくことは無駄ではない。習慣は、普段の日本語では「習い、性となる」という場合の「習い」と表現される。ところで、この「ならい」は、「なる」に反復・継続の助動詞「ふ」が付き、「い(ひ)」に終わる名詞になったものだ。もちろんのこと、反復されることがすべて習慣なのではない。接尾語に「ひ」をもつ名詞、例えば、「よばひ」「かたらひ」「やまひ」「はからひ」「のろひ」「まつろひ」「たたずまひ」「むかひ」などは、習慣に含めにくい。そして、「ならひ」「すまひ」「よそほひ」といった、習慣に近い概念でさえ、習慣に含められるかどうか微妙なところがある。

いまだに哲学における習慣・ハビトゥス概念の位置は定まらないままだが、稲垣良典『習慣の哲学』を見ても、ドゥルーズ『差異と反復』を見ても、「習慣・ハビトゥス」が古代から哲学の枢要部にあることはほぼ確かなことだろう。これ以降、「習慣」を定着した行為の型、普通に習慣として捉えられるものと解し、「ハビトゥス」を、そういった「習慣」の基盤にある、身体化された、社会的能力として用いることで、使い分けることにする。

さて、ハビトゥス論は、プラトン以来あったわけだが、稲垣によれば、トマス・アクィナスにおいて頂点に達するという。少なくとも、近世以降二〇世紀に至るまで、ハビトゥスに関する議論はあまり目につかなくなる。その際、ハビトゥスが力・徳(virtus)であること、能動と受動の中間に位置すること、可能態と現実態の中間にあること、神よりの注入(infusio)の側面等々が特記すべき事柄だとされる。トマスがハビトゥス論の頂点かどうかは措くとしても、中世哲学がハビトゥス論の宝庫であることは確かだし、それを中心にめぐっていたことは予想できる。当時、神学は知識・学(scientia)なのか、ハビトゥスなのかという議論があり、たとえば、ドゥンス・スコトゥスは神学を、端的に実践的なハビトゥス(habitus simpliciter practicus)とまとめている。ちなみに、多少乱暴な整理になるが、トマス及びトミストは神学を知識・学と捉え、スコトゥス、オッカム、ガンのヘンリクスなど、他の神学者は神学をハビトゥスと捉えていたことは付記しておいてよいだろう。

日本語において、プラトン、アリストテレス以来の伝統を蓄えたハビトゥスに対応する概念は見出されないという気もしてくる。というのも、ハビトゥスとは、理性的能力を基体として形成されるものであり、学知(scientia)と徳・卓越性(virtus)に代表されるものだからだ。「ならひ」などは学知や徳との関連はそれほど大きくない。このように見れば、助動詞「ふ」はハビトゥスとの関連性は薄いのかもしれない。

ここで少し立ち止まって考えてみたい。ハビトゥスには、〈態度、行状、衣服、装い〉等の意味もある。これらがハビトゥスと言われるのは、所有されるものだからだ。つまり、habere（所有する・持つ）の受動的結果として考えられているのだ。とはいっても、トマス・アクィナスによれば、このようなハビトゥスは本来のハビトゥスではない。ハビトゥスとは、「持つ」ことの受動的結果、所有されるものではなく、ラテン語で言えば、"se habere" つまり「おのれを持つこと→状態にあること」から生じるものだからだ。

この言葉の詮索はきわめて重要な論点を含んでいる。というのも、ハビトゥスが se habere という再帰動詞から成立しているとすれば、再帰動詞が基本的には能動態でも受動態でもなく、その中間にある中動相（ギリシア語にはあるが、ラテン語にはない）を表す事態になるからだ。自己に帰る作用は能動でも受動でもないのだ。

この中動相的事態は、ギリシアから中世に至るまで常に基本的位置を占めていたし、二〇世紀の哲学においても身体論や現象学の流れに再び登場しているし、イスラーム思想にも日本思想にも枚挙にいとまがないほど登場する。人間の能動的作用が万能であるという発想がない時代・社会においては、能動／受動といった二項対立は奇妙なことなのだろう。重要なのは、この中動相的事態が何を意味するのか、ハビトゥスをそのような視点から見ることが何を切り開くかということだ。

能動・受動という二つの態を持つ言語の枠内で思考し、また、そのような枠組みで主語・主体の作用を考察する系譜、つまり主体主義の系譜が疑問視されるとき、言語の制約によって切り落としてしまった側面が想起されて、その問題に再び参入する必要性が感じられたとき、ハビトゥスがクローズアップされるしかない。

「すまひ」にしろ「よそほひ」にしろ「ならひ」にしろ、「世間」において己を持する(se habere)一つのあり方ではないのか。こう考えれば、日本語の習慣とハビトゥスは対応するところもあると考えることもできる。他者や外的な事物との交渉が、場合によっては一度限りの経験を介して、精神の下層または身体の内に沈殿し、意志の能力によって安定した型において、反復が可能となり、しかも状況の微妙な差異において、様々な発現形態を取りうるもの、これがハビトゥスの一つの様相だ。そして、ハビトゥスは、対象や他者に向かった自己の前方からやってくるものであるより、背後からやってくるように感じる。自己の深層への沈殿と、自己の内部からの湧出ということが重なって生じているようにも感じる。なぜこのようなことが生じるのか。神が精神の外側に存在するものではないように、自己も精神の内側に存在するものではないからなのか。とはいっても、精神を高みに導くものだけがハビトゥスとは限らないだろう。低俗ではあるのだが、ファッションやモードもハビトゥスかもしれないし、作法や礼儀もハビトゥスかもしれない。

話を戻そう。ハビトゥスは、能力・可能態であるのだが、必ず〈形〉を伴っている。可能性と現実性の中間にあると言ってもよいし、現実化しつつある可能性と言ってもよい。現在進行形で表現されると考えることもできる。〈形〉として現れたものだけに目をやる限り、ハビトゥスは移ろいゆくもの、はかないものと映じる。確かに、はかなさ(das Ephemere)とは、絶えざる消滅の相であり、繰り返される消滅・滅びに美を見出すこともできる。しかし、逆の見方をすると、絶えず滅びるとは、絶えず産み出されるということだ。産み出されることに伴う「生臭さ」の故に、生臭くない滅び・死に美を感じることは難しくない。沸き立つ蛆虫よりも、祈るがごとく手や足をすりながら、逃げ遅れて、つぶされたハエの死骸に哀れみを感じる方が容易だ。もちろん、美の感じ方を逆転させたいのではない。生成と消滅は表裏の事柄であるということが言いたいだけだ。生臭いものはやはり生臭い。

ハビトゥスには、現実化の側面もあるが、さらに重要に思えるのは、能動と受動の中間に位置するということだ。この中動相的事態は、自ずと現れる、自然と湧き上がるという現象様式を有している。喜びと悲しさ、快さと苦しみ、それらは起こそうと思って起きるものでもなく、他なるものから起こさせられるものでもない。それらは自ずと起こってくる、そして自ずと起こってくるということが、自分の感情であることの徴表となっている。悲しもう、悲しむべきだと思って悲しむことも、悲しみが外から侵入してきて悲しみが生じることも、「自分の悲しみ」のあり方ではない。感情が自分のものとなっていること、つまり己有化されていることは、悲しむという行動の型が内在化し、身体化し、己有化され、己の内奥から自然と湧き起こってくることであろう。

その場合、悲しみがありながら、悲しみが浮遊し、自分とは別のところで悲しみが生き物のようにうごめくのではなく、「私」の悲しみとして、「私が悲しい」事態として捉えられるためには、〈形〉、いやむしろ「身体の〈形〉」を必要とする。思わず口元がほころぶ身体の〈形〉に悲しみが宿ることはない。たぶん、「私」は身体〈を通して〉悲しむのではなく、身体〈において〉悲しむのだ。〈において〉とは、単に場所を表すのではない。むしろ、身体に根づいた、ハビトゥスのあり方を指しているはずだ。

5　肉体と〈かたち〉

肉体が〈形〉をもつのは、自明なことだ。その〈形〉には、外形、髪型、姿勢、身のこなし、服装、表情、化粧などが含まれるわけだが、それらは、個々人の行為の目的にとって、付随的・偶有的なもののように見えて、むしろそういったものが決定的な役割を果たすことは少なくない。

しかし、〈形〉における、微妙な差異が決定的な違いを産み出すことも少なくない。〈形〉は幾何学的な形状における類似性や感覚刺激における類似性によっては分類されない差異を宿している。たとえば、「筆の勢い・筆勢」とはどういうことだろう。〈形〉では微差しかないのに、一方が生命力に溢れ、別のものが死んだものに見えるのはどういうことなのだろう。説明の仕方は様々ありそうだが、〈形〉のレベルにとどまらず、その〈形〉を産み出した人間の内面にあった〈かたち〉ということを考えると説明しやすいだろう。〈かたち〉に含まれる力が、何ものにも遮られずに発露し〈形〉に定着するとき、躍動感が生まれるのだろう。つまり、〈形〉は、〈かたち〉から成立してきた、生成の跡を宿しているが故に、〈形〉の手前にあるものを表現しているが故に、様々なものを伝えられるのだ。

フランス在住の画家、田淵安一は、創作の様を「限のない白地の空から青い雲が湧く、内と外とが逆転像になって内側の感覚から〈かたち〉が生まれる。僕は、そんな〈かたち〉としてのイマージュを待っている」と記している。田淵の語る〈かたち〉とは、「形態」の意味ではない。彼によれば、〈かたち〉とは内心の視覚像であり、〈形〉が外に現れた形態のことである。中世哲学では、形相(forma)と形態(figura)の区別があった。もちろん、近世以降、forma は form(形、形式)といった意味に平板化していったが。ラテン語の forma がギリシア語の「エイドス」の訳語でもあったことは思い出しておいてもよいことだ。なぜなら、「エイドス」はプラトンの「イデア」と近い概念だったからだ。

「眼に見える〈形〉に対して、眼に見えない〈かたち〉。この〈かたち〉がなくては、桜も梅もなく、朝の紅、夕の紅もないであろうような存在因としての〈かたち〉。つまり、名辞以前にあって名辞を生むものでありながら、自身では〈形〉を持たぬ〈かたち〉。このような〈かたち〉は、心のどこかで生まれ、実体をもつものなのか、そうでないのか、こうした問いは古来、東西の哲人が問い続けたものであろう」(田淵安一『イデアの結界』)。

〈かたち〉がイデアのように、純粋に知性的なもので、〈形〉は感覚的なものと捉えればよいのだろうか。イデア論的に考えればそうではない。イデアも本来そうであったように、〈かたち〉は、純粋に知性的・天上的・抽象的なものではなくて、そこから〈形〉が生まれてくる基盤・母体のようなものだ。知性的なものと感覚的なものとの枠組みで考えれば、両者を媒介するものだ。〈見えないもの〉から〈見えるもの〉が生み出されてくる場合の媒介であって、見えることを成立させるものであるが故に見えないものであるようなもの、それが〈かたち〉なのだろう。ちょうど、光はものを見えるようにするが、それ自体は見えないものであるのと同じ様な意味で。

このへかたち〉について考察した哲学者は数多いのだが、カントの図式論はその中で最も有名なものである。予め述べておけば、図式(Schema)とは〈かたち〉のことであり、イメージ・形像(Bild)とは〈形〉として考えると分かりやすい。さらに述べれば、図式は「身体図式」、イメージ・形像は「身体イメージ」と重なってくる。

感性的な直観にカテゴリーが適用できるとき、カテゴリー(純粋悟性概念)と、感性的な直観とそれぞれ同種であって、しかもカテゴリーを現象に適用するのを可能にする第三のものがなければならない。このような媒介的な働きをするものは、経験的なものをいっさい含まない純粋な表象であって、しかも一方では知性的で、また他方では感性的なものでなければならない。これが図式である。

「図式はそれ自体想像力の所産にすぎない。ところで、想像力の綜合が意図するところのものは、個々の直観ではなく、感性の基底における統一にほかならない。したがって、図式はイメージよりも一般的であるから、イメージから区別されねばならない。たとえば、私が五個の点を・・・・・というふうに逐次的におけば、これは五という数のイメージである。これに反して数を思考する場合、その思考は或る概念に従って一つの数量をイメージとして表象する方法であって、イメージそのものではない。というのも、千というような大きな数となると、イメージと、数の概念を比較することは難しい。その際、ある概念にイメージを与える一般的方法を図式と名づけることができる」(カント『純粋理性批判』)。

説明を要する概念がいくつも出てきているが、ここでは省略する。大きな枠組みを捉えてもらえば十分だからだ。さらに、カントは、「我々の純粋に感性的概念の根底に存するのは、対象のイメージではなく、図式である」とのべる。これはどういうことなのだろう。犬という概念は、一つの規則、つまり、私の想像力がそれに従って或る四足獣の〈形〉を描きうる規則を意味するのであって、経験から与えられる或る特殊な個々の〈形〉や、あるいは私が、具体的に表象し得るようなイメージだけに限られるのではない。イメージは、これを描き出すところの図式を介してのみ概念と結びつかねばならないのであって、それ自体概念と完全に合致するものではない、と述べる。簡単に言えば、図式が認識の対象の〈中に〉あるのではなく、認識の対象を構成する、つまりその原因となると述べてもよい。

身体の問題を考える場合、カントの図式論が与えてくれるのは、欲望と〈身体図式〉・〈身体イメージ〉の関連を示してくれることだ。その際、仕掛けとしてラカンの〈対象a〉が必要となってくる。〈対象a〉とは、鏡像段階の幼児が小躍りし喜ぶ(私の子供はたいして喜ばなかったが)、鏡に映った自分の姿=鏡像であったり、母親の乳房だったり、排泄物・声・まなざしだったりする。ラカンの議論では、自分の鏡像である〈対象a〉から反射して、〈自我〉というものが現れてくるという。〈対象a〉は、欲望の対象のことなのである。

ただし、欲望の対象であるというのは、客観的な対象のうちにある何ものかではなく、むしろ欲望が欲望として作動するために、自らのうちにあるものを外側に投影して成立するものだ。そしてそれが「図式」なのだ。

この媒介的要素〔=図式〕は、感性的対象を欲望可能にすることを任務とし、したがって、それなくしては対象は欲望不可能であり、欲望は対象をもたないのである。この媒介的要素が、欲望を対象に連接し、この対象をエピチュメーヌ〔=欲望対象〕とする限りで、その媒介的要素は〈欲望の原因〉と呼ばれる。（中略）〈対象a〉は欲望の構造においては、認識の構造における図式の場所と相同的な場所を占める。図式が認識の対象の〈中に〉あるのではなく、認識の対象を構成する、つまりその原因となるのと同様に、〈対象a〉は、欲望された対象（エピチュメーヌ）に属するのではなく、その欲望の対象を構成する（原因となる）のである。

（バース『純粋欲望』六一頁）

たしかに欲望された対象なしに欲望はないとしても、だからと言って、欲望は欲望された対象から生ずるのではない。この欲望を可能にするもの、つまり欲望する能力が行使されるのを可能にするもの、したがって真に欲望の〈原因となる〉もの、それは〈対象a〉であり、そして、その〈対象a〉とは欲望の図式なのである。

ラカンの議論における〈対象a〉を乱暴に整理すれば、〈身体イメージ〉と考えることができる。もちろん、〈身体イメージ〉を成立させる条件としての〈身体図式〉を背後に考えてもよいだろうが。その際、欲望の図式が〈身体イメージ〉なのだと考えれば話が早い。

このことの例として、性的身体を形成していくことによって、性的欲望が生じ、性的対象が分化することを考えてもよい。セクシャリティが同性にも異性にも向かいうることもその枠に収まることだろう。

肉体には〈形〉があるからこそ、模倣することができ、そばにいることができ、抱擁することができる。しかし、〈形〉は〈かたち〉を備えていない限り、〈から〉のものとなってしまう。そう、肉体は〈からだ〉となってしまう。肉体は絆・媒体となるものだが、それだけで十分なものではない。〈かたち〉ということで語られているのは、媒介性のことだ。知性と感性、精神と身体、〈見えるもの〉と〈見えないもの〉といった二次元的対立、いや二次元的落差がある場合、その二次元性を消滅させる最も簡単な方法は、両者の乖離を跳躍して、直接的に両者を重ね書きしてしまうことだ。

もちろん、一方を仮象、他方を真実在として、一次元的世界を作ることもできる。たとえば、イデアの世界のみを真実在として、物質界を仮象とするように。しかし、いかなる一次元的世界観も完全に一次元性に安住してはいられない。純粋なイデア論者も、肉体の空腹は無視し得ないし、純粋な唯名論者も精神のようなものを認めずにはいられないから。さらに、二次元性を最小限のものにとどめる行き方も考えられる。昔も今も常識的思考とはそんなものだろう。

中世世界においては、実在論であろうと唯名論であろうと、二次元性が大前提されていた。それは架橋し得ないものであった。そして、その一つの極が神と被造物の関係にあった。

媒介し得ない落差、二次元性がある場合、そしてその落差が架橋し得ないものだとした場合、一番陥り易い錯誤は、存在論的跳躍(ontological leap)を行って、二つのものを重ねてしまうことだ。媒介なき乖離は落差なき直接を生じやすい。

哲学と信仰、此岸と彼岸を全く別個のものとする「二重真理説」において、二重性は往々にして重ね書きされて一次元的世界が現れてきてしまう。二次元性を維持したまま、そこに踏みとどまることは、実は容易なことではないのだ。

天使主義は、二次元性・二元論を母体としながらも、その一方を消去しようとするために、かえってずぶずぶの一元論に陥りがちだ。天使主義、つまり直接的二元論は、分離すると同時に結合する媒介を持たないために、きわめて不安定なものとなるしかない。言葉も、欲望も、肉体も、対立してある二元性のうちの、消去されるべき一方の項なのではない。対立する二元性をそこに見出すこと、しかも媒介を欠いた直接的二元性を見出すことも誤りだが、その一方を消去しようとすることは、さらなる誤謬なのだ。

真の実在は、二元性のいずれのうちにもない。真の実在は、一なるものでも多なるものでも、精神の内にあるのでも精神の外にあるのでも、質料の内にあるのでも形相の内にあるのでもない。このモチーフを追いつめていこう。

第5章 〈存在〉の一義性と媒介の問題

ここまで、媒介と生成をめぐる問題について見てきた。天使主義やグノーシスを扱ったのは、こういった問題に潜んでいる陥穽を探り出し、歩むべき道を見つけるためだった。媒介や生成の問題は、別に思想の歴史という過去に存在したことではなく、いつでも個々人がハビトゥスとして身体に定着させることによってしか、越えられない課題なのだろう。「私とは何か」とか「人は何のために生きるか」という問いに答えがあってはならない、と述べても同じ事態を指している。その際、安直に答えを求めて、手に入れてしまった無媒介性・直接性の思考としての天使主義は、甘美な罠として人間を待ち受けている。確かに媒介は常に困難な課題だ。しかしだからといって、媒介され得ない二元性に絶望して、存在論的跳躍をなす道か、または、二元性の困難に見切りをつけて、一元性に退却する道か、二つに一つしかないということにはならないはずだ。

もちろんのこと、媒介を持ち出せば話が済むわけではない。異質の二項を結びつける媒体＝第三項が、その二つの項の両方に結びつくとしても、媒体としての第三項と第一項との結びつきは、無媒介的になされるのか、それとも別の媒体＝第四項によってなされるのか。では、第四項と第一項との媒体はどうなるのか。結局、どこかで無媒介的な結びつきを設定するか、媒介を求める操作が無限に至るかのどちらかに帰着してしまう。堪えきれずにどこかで飛躍するか、どこまでも堪えるべきなのか、いや飛躍するべきか否かということになるのか。そもそもそれらのどれを選ぶべきかといった発想そのものが間違っているのか。

ここで分からなくなってくるのが、「媒介」ということだ。媒介とは異質のものを結びつける接着剤のようなものなのか。問題は、媒介ということに違いないのだが、もしかすると、媒介されるべきものにあるのかもしれない。どんな強力な接着剤でも接着できない場合、接着剤を疑うより、素材の方を調べた方がよい。水と油をくっつける接着剤は存在しそうにもないのだから。

媒介が成立しにくい典型的な例とは、両者が共通の成分を持たない場合だ。それはちょうど、二つの数の間に共約数を持たないような関係だ。その関係が「共約不可能性(incommensurabilitas)」である。共約不可能な関係は、媒介を持ち得ないのだろうか。もし媒介を持ちうるとしたら、媒介の可能性を示すことができるかもしれない。

1　媒介と共約不可能性

共約不可能性とは、越えがたい深淵があることだ。それを、とりあえず、人と人の間にあるものとして考えてもよい。そうすれば、コミュニケーションの可能性ということの結びつきも見えてくる。私が第三章で示したかったのは、コミュニケーションの前提としてコミュニカビリティの層が存在することだった。すると、ここでの問題は、共約不可能性とコミュニカビリティは両立可能か、両立可能であるとするといかなる仕方においてか、ということになるだろう。共約不可能性に気づかない楽天主義も、共約不可能性を見て見ぬ振りをする現実主義も、共約不可能性の前に絶望する悲観主義も、共約不可能性を存在論的跳躍によって飛び越える天使主義もここでとるべき道ではない。

「共約不可能性」とはどういうことなのか。本来、数学の用語なので、数学に例を取って考えてみよう。例えば、81と18では9という共通する要素＝共約数がある。しかし、正方形の一辺と対角線は、1と$\sqrt{2}$、つまり有理数と無理数の関係で、共約数＝共通性を持たない。つまり、共約不可能性とは、共通性を持たないことの一つのモデルである。その際、共約数は整数だから無限に操作が続くということは考えにくいが、ユークリッドの互除法を使い、1以下のところまで含めて共通成分を考えれば、共通成分を求める操作が、共通なものにどこまでも近づきながら無限に続いていくことになる。共通性は永遠に可能性にとどまり、現実に与えられることはない。つまり、共通性を求める操作の終点にあるのではない。常にもう少しのところまで行きながら、永遠に獲得されない点として共通性は残る。

人間と人間の間に共約不可能性があるといっても、「人間」という共通性は成り立っているはずだ。また、コミュニケーションの場面でも、〈会話をしたくない〉ことを姿勢で示すことで、既にコミュニケーションを行っていること、つまりコミュニケーションを拒絶することもコミュニケーションであるし、いかなるディスコミュニケーションにおいても、お互いに理解していない、ということぐらいは共通了解できる。人間相互の間にいかなる共通性も存在しないということはあり得ない。ということは、共約不可能性を人間関係に持ち出すのは誤用か、日本語能力の不足でしかないようにも見える。

だが、私が「共約不可能性」ということで考えているのはそういう次元のことではない。共約不可能性とは、概念の共通性の非存在ということではなく、共通性を求める操作の一歩先に現れるもの、もう少しで手に届きそうになりながら、常に指先から逃れ去ってしまうもののことだ。事実的な共通性が人間の絆にならないことは、日常の中に溢れている。「人間」という共通性が共同体の成立に寄与することは皆無ではないとしても、事実的にも理論的にもなかなかありそうにもない。論理的な普遍概念が共同体を成立させるわけではないからだ。

概念的な共通性は、それ自体で絆として機能するのではなく、共通性として同意されて始めて絆として機能する。共通性は常に求められなければならない、いや求められ続けるような共通性しか絆とはなり得ないということだろう。では、共同体を成立させる普遍は、合意によってそのつど設定されるものにすぎない、つまり一種の唯名論が主張されるべきなのか。もちろん、そうではない。共同体性は、事実的な合意の総和によって成立しているのではなく、また予め合意などと無関係に成立していた概念的統一性によって成立しているのでもない。むしろ、原初的合意が共同体が成立した、いや原初的にでも合意が成立したからには、それに先だって何らかの共同体が成立していたはずだ、という議論、つまり、「タマゴ」が先か「ニワトリ」が先かに類する議論においては、始源の状態を取り出すことより、そのつどの状態が一種の始まりとしてあって、常にどこまでも共通性が求められなければならない、という構造を取り出した方が賢明だろう。終点となる共通性、議論・論争を打ち止めにする共通性がないこと、これが「共約不可能性」に近いものと私は考えている。イメージで語れば、漸近線と座標軸の関係、つまりどこまでも接近しながら、決して一致することのない関係が、共約不可能性のイメージとして適当だろう。だから、複数の人間がともに求める点において、メタレベルでの共通性が準備され、コミュニカビリティが成立するという言い方もできる。

要するに、共約不可能性とコミュニカビリティは矛盾対立するものではなく、相補的な関係にあると言いたいのだ。その際、コミュニカビリティの方が共約不可能性を際だたせるということもあるのだろう。その結果、事実的な共通性はそれだけでは、何ら絆とはならず、突如として意味の失われた世界が迫り来ることもあり得ることとなる。

ところで、哲学の歴史で、共約不可能性は見出されるのだろうか。確かに、人間と人間の間の共約不可能性、そんな論点は探しても見出されないが、神と被造物、実体と偶有性、精神と身体の間には共約不可能性が成立しているということは言えるだろう。

精神と身体の場合を取り上げれば次のようになる。人間の精神は肉体の厚みと不透明さによって覆われているために、記号を使わなければ精神は交流できない。ところが、この記号というのは知性的かつ感性的なものであり、必ず、少なくとも二つの層から成り立っている。記号は、目や耳や触覚において感覚されるために、感覚しうる性質・物質性(紙とインク、音声、凹凸など)を有している。ところが、物質性はそれ自体では意味を担い得ない。たとえば、いかに深淵な書物であろうと、文字が読めなければ、紙とインクの塊でしかないことを考えればよい。解釈するための規則が定まっていて、記号を受容する人間の方に、意味を見出す能力・解釈する能力が備わっていなければならない。

実に当たり前の話である。ところが、物質の側面(質料的側面)と、意味の側面(形相的側面)が結びつくことは自明でも簡単なことでもない。両者の側面を結びつける規則が、恣意的であるということもある。さらに、記号の質料と形相は、人間の精神と身体の関係と同じように異質のものだ。一方は、感覚可能であるのに、もう一方は感覚可能ではない。言い換えれば、一方は〈目に見えるもの〉なのに、もう一方は〈目に見えないもの〉だ。なぜこのように異質のものが媒介されるのか。ひとつのひらがなを十秒ほどじっと眺めていると、ひらがなが文字ではないように思われ、その読み方が分からなくなったりする。両者の絆はどこにあるのか。絆があるかどうかを見ようとしない限りで、そこには絆がある。ところが、絆に目をやったとたん、絆は見えなくなってしまう。記号を使用できるためには、精神と身体という異質のものを人間は持たねばならないのかもしれない。精神と身体の存在は、記号使用の必要条件なのだ。では、肉体が障碍としてあるために記号を使用せざるを得ないのか、記号を使用できるためには、肉体を備えていなければならないのか、どちらなのだろう。いずれにしても、問題なのは、記号そのものが共約不可能性を内含していることだ。そして、共約不可能性が記号使用の条件となっていることだ。共約不可能性とは、記号の使用やコミュニケーションを不可能にするものではなく、共約不可能性の方がコミュニケーションの可能性を準備しているのだ。前章までのところで見てきたのは、共約不可能性を障碍と見て、直接的に飛躍しようとするものとしての「天使主義」であった。一見すれば、越えられない落差が楽々と越えられるかのごとき夢想が登場するのだ。不可能性が何らかの奇蹟によって媒介されてしまう構図が現れてくるのだ。

共約不可能性とは、とりあえず共通性を持たないことである。では、一般に共通性とはどのような仕方であるものなのだろう。共通性は共通の要素・性質を持つことによって生じる。共通の要素があるならば、共通の要素を含むものからなる、より包括的な集合があるということだ。例えば、人間とゾウが哺乳類であるという共通性(内包・概念)を有することは、人間とゾウが哺乳類という上位の類(外延)に含まれること、言い換えれば、同じ上位の類を有していることと同義である。したがって、上位に共通の類があれば、共通性を有することになり、共約不可能性は成立しないことになる。

ところが、この世界に存在するものはすべて〈存在〉ではないのか。〈存在〉という言い方が気に入らなければ、〈存在者〉や〈或るもの〉でもよい。すると、すべてのものにとって、〈存在〉が上位の類である以上、すべてのものは〈存在〉という点では共通性を有することになる。

ここで、言葉遣いについて必要最小限の説明を加えておく。エッセ(esse)は、「存在する」という意味の動詞の不定詞であり、「存在」という訳語が選ばれるのが通例である。その内容たるや、奥は深いが、訳語としては「存在」でそれほど支障はない。ところで、エッセの現在分詞がエンス(ens)であり、分詞は動詞に示される作用・状態を実現している事物の意味に用いられるから、エンスは「存在者」という訳語の選ばれるのが通例である。

中世哲学では、エンスとエッセは必ずしも区別されず、また場合によってはもっぱらエンスの方だけが問題とされたためか、「存在の忘却」があったと述べられるときも少なくない。しかし、エンスは「存在者」という、具体的な事物だけでなく、「存在すること」まで含む、可塑性に充ちた概念であった。特に、エンスはすべてのものに一義的であると考える場合にはなおさらである。ここでは、エンス概念のしなやかさを残すために、エンスには「〈存在〉」、エッセには「存在」という訳語を割りふり、紛らわしい場合には原語まで付すという方策をとることにしたい。

話を戻すと、最も上位の類とは内包が最も希薄であり、規定・内実を最小限にしか有さないはずである。すると、〈存在〉は最も空虚な共通性ということになりそうだ。もちろん、このような考えは、中世哲学では明確に否定される。

理由の一つは、神と被造物とは、〈存在〉と〈非存在〉よりも大きく異なるとされていたことだ。すると、神と被造物との両者を包摂するものなどない。〈存在〉と〈非存在〉は、最大の差異にも思われるが、それより大きな差異とはいかなるものなのか。神と被造物は〈存在〉という名を共通に有しているが、その内実は異なると考え、落差を守りながら、落差を埋め合わせる論理を別に探るものとして、「存在のアナロギア」という発想があったが、ここで取り上げたいのは、アナロギア説ではなく、それに対抗するものとして立てられた、ヨハネス・ドゥンス・スコトゥス(一二六五/六六―一三〇八年)の〈存在〉の一義性という思想の方だ。一義性(univocatio)とは、名だけでなく意味も同じということだ。すると〈存在〉が一義的だというのは、平明で分かりやすい考えにも見える。しかしその一方、神と被造物において、〈存在〉が名だけでなく、内実においても、共通であるということは、神と被造物の乖離を媒介するように見えて、最も空虚な、「名のみ」の媒介を設定していることになるのではないか。この問題についてはオープンにしたまま話を進める。

もう一つの理由は、〈存在〉は類ではないということだ。たとえ、仮に〈存在〉が神と被造物に共通であっても、〈存在〉は統一する類にはならないというのだ。類でないことの背景に踏み込むことは煩瑣になるので、結論だけ示せば、〈存在〉が類でないことは、〈非存在〉が〈存在〉の外部にあるものではない、ということと等価である。一義性は、一般には、例えば「脊椎動物」という類に関して、カエルもクジラもワニという種も一義的である、というように、類が種の述語となるとき、個体が種の述語となるときに語られることである。すると、ここで取り上げたい〈存在〉の一義性説は、伝統的権威に正面から反対して、〈存在〉を類として捉えていると見えないわけでもないし、そして、実際にそのような批判もされてきたわけだ。

確かに、〈存在〉の一義性は、論理的な困難を孕んだものだ。しかも、アリストテレスの『形而上学』の一節には、「存在は多義的に語られる」という箇所があり、それが典拠とされていたのだ。ところが、ドゥンス・スコトゥスは、アリストテレスの先ほどの一節を否定するばかりか、アリストテレス説を取り込んだアナロギア説まで否定し、困難にもかかわらず、〈存在〉は一義的であると主張するのだ。

〈存在〉の一義性とはどういうことなのか。ドゥンス・スコトゥスが様々な困難にかかわらず、それまで誰も主張したことのない、〈存在〉の一義性を主張したというのはどういうことだったのか。

2 〈存在〉の一義性

〈存在〉の一義性とは何なのだろうか。すべての事物が平板な空間に併存する、〈存在〉の砂漠が訪れるのではないか。カエルも人間も脊椎動物であるように、神も人間も同じ〈存在〉だ、とでも言いたいのだろうか。

一義性は、それ自体で考えれば、神と被造物であれ、他の事例に関してであれ、差異を強調しようとするものでも、同一性を強調しようとするものでもない。とはいえ、〈存在〉の一義性を主張することは、神と被造物の間に共通性を見出すことで、正統的キリスト教の教義である、神と被造物との絶対的懸隔を否定するように見える。〈存在〉の一義性は神と被造物との平準化を図るものとして解されることも少なくなかった。フランスの哲学者ドゥルーズも、そこに平準化を見て取り、中世カトリックのヒエラルキー的世界観からの脱却を読みとった。それどころか、〈存在〉を類とすることで、論理的パラドクスを平気で犯し、神と被造物を同じ地平に置く、言語道断の暴挙にも見える。暴挙を平気でやってしまうほどスコトゥスは近代人だったということなのか。暴挙かどうかは別としても、少なくとも〈存在〉の問題が媒介の問題であるということは、私には確実なことに思われる。すでにここまで見てきたように、媒介の問題は基本的にかなりパラドキシカルな姿をとる。一義性がそれ自体では単純明快でも、媒介の問題であるとすれば、錯綜したものにならざるを得ない。

さて、議論の大前提として、〈存在〉はあらゆるものの述語となり、〈存在〉の外部に立つものは存在しないところから始める必要がある。換言すれば、「〈存在〉はあらゆるものの述語となるが、類ではない」ということになる。これは「〈存在〉の一義性」の前提をなすものである。スコトゥスは次のように述べる。

> 神は、神と被造物に一義的な概念においても捉えられるのである。一義性の概念について論争が起きないように述べておくと、「一義的な概念」とは、同一のものに肯定と否定を同時に行った場合に、矛盾を引き起こすだけの統一性を備えた、単一の概念のことである。
>
> （『命題集注解』第一巻第三篇）

一義性とは矛盾を引き起こしうるものだというのだ。その際、スコトゥスは注意深く、「一義的な概念」と述べている。〈存在〉が一義的な概念であるとはどういうことなのか。おそらく要点は、〈存在〉は神と被造物、つまり無限存在と有限存在に共通の上位の類ではないこと、〈存在〉は無限存在と有限存在に共通の成分とはならないことである。

〈存在〉は、十のカテゴリーに分類されるに先だって、無限と有限に分類される。（中略）このようにして、〈存在〉に該当しながら有限と無限に中立無記的なもの(indifferens)、または無限存在に固有なものとしての〈存在〉に該当するものはどのようなものであろうと、カテゴリーに限定されることなく、限定に先行して〈存在〉の規定となっている。それ故に、すべてのカテゴリーを越える超越概念である〈存在〉の規定となっている神と被造物に共通なことは何であろうと、有限と無限に中立無記的なものとしての〈存在〉に該当するものなのである。

（同書第一巻第八篇）

これが〈存在〉の一義性をめぐる根本テキストだ。何が述べられているのだろう。様々な論点が登場しているが、ここで注目すべきことは、とりあえず、〈存在〉は神と被造物とに中立的である、ということだ。もちろん、中立無記性だけでは、〈存在〉の一義性の一要因にしかならないのだが、少なくとも〈存在〉の中立無記性を考えることで、一つの困難を解消することができる。「中立無記性」とは、例えば「AかBかのどちらか一方になりうるが、どちらへの傾向性も持たず、また現実にはそのいずれでもない」ということだ。受精以前の卵がオスかメスかであることを考えればよい。中立無記性は、何らかの共通性ではあるが(この「共通性」をどう考えるかが要点となるが、これは次節で考察する)、しかし上位の類を想定するわけではない。ちょうど、受精以前の卵に新たな性別を設ける必要がないのと同じことだ。したがって、〈存在〉の中立無記性は、〈存在〉を類にするのではないか、という疑念をかわすことができる。重要な問題は、〈存在〉の一義性が、中立無記性以外に何を含んでいて、何を意味しようとしていたかだ。

媒介の問題に立ち戻って考えると、中立無記性は、神と被造物の距離を大きくするものには決して見えない。神と被造物の関係としてでなくとも、私と他者の関係のモデルとして、共約不可能性を立てるとすれば、〈存在〉の一義性と共約不可能性は両立するはずもないように見える。しかしながら、共約不可能性の本来の形式は、共通性がないということではない。異言語しか話さない外国人との間にコミュニケーションが成立しないからといって、それをディスコミュニケーションと大騒ぎする人はあまりいない。ということは、共約不可能性とは、共通の尺度が存在しない場合より、成立していた共通性が媒介する絆の機能を失った場面に登場するのではないか。共通性がないがために共約不可能性が生じるのではなく、むしろ、共約不可能性とは、言葉を交わしながらも、目の前にいながらも、成立しうる共通性の機能停止の状態のことではないのか。したがって、共約不可能性は共通性が多ければ多いほど、大きなものともなりうる。人間が無限の距離を感じるのは、あれほど親密に心を通わしていた人間が目の前にいながらも、何も応答せぬ状態、いや豊かに与えられる応答が異言語にしか聞こえない場合であろう。

共約不可能性とは、字義通りにとれば共通の尺度(mensura)のない状態だが、共通の尺度のないことが、落差、放っておけない落差を産み出すわけではない。地球の人間と、火星の地面に転がった石ころとの共通性の非存在が問題として取り上げられることは、永遠にないだろう。神と被造物の関係に関して、〈存在〉の一義性を語ることは、〈存在〉をいわば両者に共通なものとして語ることになるが、これは両者の間に近道を造ることではない。むしろ逆に両者の間の共約不可能性の条件となるものだ。一義性を語ることは、かえって両者の懸隔が離れたものになることを示しうる。神と被造物が無限に離れていることは、〈存在〉の一義性を損なうものではないし、コミュニカビリティを否定するものではない。無限に離れていることは、共約不可能性の一つの現れであるが、未展開のあり方にすぎない。逆に、近みにあることが、絆になるとは限らず、場合によっては、近みにありながら、共約不可能性が現れでることもある。

さらに接近しようとする力と、接近しながらも常に必ず残る差異とが両立し合っていて、しかもその両者を二つながら保持したままで設定される共通性の尺度が存在する領野をここでは語っている。共約不可能性そのものが絶望の原因となる乖離・断絶なのではなく、固定化し動かなくなった共約不可能性が、呪われるべき乖離ということだろう。それは、接近した状態にあろうとも、さらに接近する力を失った場合、または、接近した状態にあろうとも、共通性の尺度が失われた場合に足下に奈落が開けるように現れてくると思われる。

第3章「2　聖霊論の構図」で見たように、神は人間の中に内在する、しかも無限の距離を保持したまま内在するという論点がある。つまり、神の内在であれ、神との一致であれ、神の三位一体と人間の三位一体の対応でもよいのだが、神は無限に遠いものであるばかりでなく、同時に最も近いものであるというモチーフである。知識と信仰を分離して、知識においては最も遠いが、信仰においては最も近いというように、超越を知識に、内在を信仰に振り分ける手ももちろんある。そして、スコトゥスには明確に主意主義的な側面があるから、知識・知性における落差を埋めるものとしての意志という構図を読み込むこともできそうだが、どうも彼の立場は極端な主意主義への批判を出発点にしている以上、知性と意志の対立を強調するのは誤解であろう。

私には、〈存在〉の一義性もまた、〈内在的超越〉をスコトゥス流に表現したものであるように思われる。次のところでは、〈存在〉の一義性において、内在的超越がどのように表現されているかを見ていこう。

3　〈存在〉の中立性

〈存在〉の一義性とは、乖離だけを語る思想なのではない。むしろ、そこには媒介の思想、それどころか内在的超越の思想が込められているのだ。だからこそ、私はスコトゥスにこだわり続けているのであり、もし〈存在〉の一義性が、共約不可能性と媒介の双方を含んでいないとしたら、スコトゥス全集を漬け物石にでもするしかない。

媒介の側面が現れるのは、一見すると理解しにくいが、〈存在〉は中立無記的なもの(indifferens)だということに見られる。もちろん、上位の類、例えば「動物」は「無脊椎動物」と「脊椎動物」のいずれにも中立的だという事例を参考にして考える途はあるが、トリヴィアルである。さらに重要なのは、スコトゥスにおける〈存在〉の一義性とは、〈存在〉の中立無記性だけを表すのではないこと、中立無記性の論点を含みながらも、それは表層でしかないことだ。というのも、〈存在〉の中立無記性は、同時期の神学者ガンのヘンリクス(一二四〇以降―一二九三年)において既に登場しており、スコトゥスはこのヘンリクスを主たる批判の対象としているからだ。ヘンリクス説を批判して、〈存在〉の一義性が生じたとすれば、いうまでもなく中立無記性だけでは、〈存在〉の一義性を特徴づけられるわけはない。

ガンのヘンリクスは、アヴィセンナから〈存在〉の中立無記性の論点を継承し、そして、スコトゥスも、アヴィセンナとヘンリクスから、〈存在〉の中立無記性という論点を受け継いだ。詳細は先のところに譲るが、アヴィセンナが『形而上学』第五巻において、「馬性それ自体は馬性に他ならない」(〈馬性の格率〉と略称)と述べ、「馬性自体は一でも多でも、精神のうちにあるのでも外にあるのでも、可能態でも現実態でもない」と述べたとき、「馬性自体」に排中律は適用できないということばかりでなく、同時に「馬性自体」は一とか多といった、矛盾対立する選択肢のどちらにも中立的なもの(indifferens)としてあることを述べていた。

ヘンリクスは、多くの箇所で、アウグスティヌスと並んで、アヴィセンナを典拠として数多く引き合いに出し、特に、〈馬性の格率〉やその前後のテキストを何度も引用している。ヘンリクスが「馬性」にこだわるのは、「馬性自体」や「馬性である限りの馬性」が、個々の具体的な馬ばかりでなく、特定の馬に述語が付与されて成立する命題の原初的・始源的なあり方、つまり中立無記性を表しているからだ。そこには、形而上学の出発点どころか、神による創造の問題も含まれている。ここでは、そこまで話を広げないとしても、一般的なものが限定されて、個別的なものが成立する機序が問題となっていることは明らかである。この過程は、現実化でもあるし、個別化でもあるわけで、形而上学の枢要点になるものだ。

ヘンリクスは、その際、〈存在〉が無限存在と有限存在に限定される場合、二重否定によって生じると考えた。ヘンリクスの議論もなかなか複雑だが、行き着くところは、神と被造物の関係を、類似性(similitudo)によってではなく、模倣(imitatio)の関係として捉えることだ。ヘンリクスによれば、一義性の関係を考えることは、ある共通の形相(forma)、実在的な共通成分(commune reale)を考えることになる、という。もちろん、神と被造物の差異を強調しようとして、〈存在〉を多義的なものと解することは厳に避けられる。ヘンリクスがアヴィセンナに見出したのは、「馬性である限りの馬性」の次元であり、そういう中立無記性の次元を設定することで、(1)神と被造物の絶対的差異を解消しない、(2)〈存在〉を多義的なものとしない、という相対立する条件を満たすことができると考えた。しかもそれまでのアナロギア説を進めて、〈存在〉が神に該当するのは否定的未決定(indeterminatio negativa)によってであり、被造物に該当するのは欠如的未決定(indeterminatio privativa）によってであると述べる。〈存在〉は限定を受けぬまま、神の〈存在〉と被造物の〈存在〉に分かれ、しかも被造物の〈存在〉も最一般者であることを保持できることになる。

ところが、スコトゥスによれば、〈存在〉の中立無記性は、決して〈存在〉の一義性の十分条件ではない。重要なのは、中立無記的な〈存在〉の限定が、積極的・肯定的なもの（positivum）によってなされるということである。スコトゥスは、最も普遍的な場面においても、最も個体的な場面においても、限定は積極的なものによってなされると考えたが、この積極的なものは、事物を構成する要素としての形相（forma）のようなものではない。スコトゥスは決して要素主義的実在論を主張するのではない。内部／外部、肯定性・積極性／否定性、という二項対立を受け入れ、一方が否定されるが故に、もう一方の項を選択するというのではなく、二項対立を越えて、新たな「積極的な」次元を見出そうとしたのがスコトゥスであり、それがスコトゥスの真骨頂なのである。

しかし、限定が積極的なものによってなされる、ということがどれほどの意味を持つのか。ヘンリクスにおいて、中立無記性は「いずれでもないが、いずれともなりうる」ということを述べていた。言い換えれば、現実性においては否定されるが、可能性において肯定されるということだ。スコトゥスが主張しようとしたのは、そのような可能なものが現実化する過程において、事物に内在する積極的なものが現実化をなすということだ。その現実化の契機が、具体的にどのようなものかについては、存在と本質をめぐる問題の後に回すことにしよう。

ここでは暫定的に見通しをつけるために、〈存在〉の一義性が、中立無記性ということを越えて、何を述べていたかを垣間見る枠組みを考えてみよう。(1)限定されるもの＝被限定項(determinabile)、(2)限定するもの＝限定項(determinans)、(3)限定されてある＝限定態(determinatum)という三項図式を考える。この例としては、(1)生命(vita)、(2)生きること(vivere)、(3)生物(vivens)というのがある。〈存在〉の場合であれば、次のように配置される。(1)〈存在である限りの存在〉(ens inquantum ens)、中立的なものとしての〈存在〉(ens ut indifferens)、(2)内在的様態、具体的には、超越概念や「このもの性」などが入る、(3)具体的なものとしての〈存在〉。

(1)のレベルの〈存在〉は、限定されて(3)のレベルの〈存在〉となるということだが、要点となるのは、(2)の限定項も〈存在〉であるということだ。修飾語を取って整理すると、〈存在〉によって〈存在〉へと限定される、いや〈存在〉は〈存在〉において〈存在〉に至る、ということになる。もちろん、これでは何を言っているか分からないが、一般に限定項は被限定項とは別の規定を有するということが、〈存在〉に該当するかが問われているわけだ。確かに、「白いブランコ」であれば、「白い」が外部から限定しているが、「白い白雲」では、冗語であり、無用な修飾である。〈存在〉の一義性は、(1)(2)(3)のいずれもが〈存在〉であり、〈存在〉の限定が冗長なものになることを述べているようにも見えるが、(2)の限定項を「内在的様態」と捉えることで、冗長な構造を免れることができる。

スコトゥスは、「内在的様態」を、「形而上学的濃度(gradus metaphysicus)」などとも言い換えているが、要するに内包量的な度合いのことだ。飽和度、つまり色の純度・濃さは、内包量の典型であり、「白」の色が特定の飽和度を有することで、特定の白さとなるとき、概念規定では何ら付加されていない。しかし個体化は生じている。白の飽和度は、白という基体とは独立にあるわけでもないが、白そのもののうちには含まれていないものだ。これは内在的様態でも同じことだ。「内在的」とは、構成要素となるということで、内在なのではなく、別個のものでありながら、「潜在的に(virtualiter)」含まれている、ということだ。潜在的に含まれているものは、概念規定において、別個であっても、不可分な仕方で結合し、一なるものを形成しているのだ。

被限定項と限定態の関係は、一般に述語と主語として表現され、結局、普遍と特殊、種と個体といったものに帰着するのであまり問題はない。スコトゥスはこちらを、被限定項は限定態に形相的に(formaliter)含まれると述べているが、全体と部分と考えても差し支えない。

すると、〈存在〉の一義性は、〈存在〉はすべてのものに潜在的にか、または形相的に含まれ、その意味で一義的なのである。ここでは、一義性の意味は明らかに拡張されているのだ。一義性の意味を拡張してまでスコトゥスが述べようとしていたのは、〈存在〉は〈存在〉によって〈存在〉となることだ、と述べてもそれほど誤りではないだろう。これを「万物は〈存在〉において存在する」と言い換えても、〈存在〉の自己限定と述べてもいいかもしれない。

要するに、一義性は、共通の地平を作る発想にも見えるがそうではない。確かに、神＝無限存在、被造物＝有限存在という対立において、〈存在〉が中立無記であることは、〈存在〉が共通の基体となることを意味する。しかし、神と被造物について、〈存在〉が一義的であるというのは、〈存在〉を上位の類とすることで共通の地平を作ることではない。全く逆に、共通の地平を否定することだ。共通の地平が可能であると、妄想したとたんに、他者を自分のうちに取り込むことであれ、自分が他者のうちに融解することであれ、二つのものを一つのものに吸収させようとする危険が現れる。他者とは離れたものであり、離れているがゆえに、絆が必要となる。

被造物から神に至る認識可能性の道を開くことは、一種の尺度を設定することである。もちろん、両者の共通の尺度があるといいたいのではない。決して共通の尺度は存在し得ないながらも、一種の尺度があるといわざるを得ないのは、尺度がないまま、見出された無限の距離は、直接的であるが故に、無媒介的に近接せしめられる場合があるからだ。ほんのわずかな隙間にも、人間は無限の奈落を見つけることができる。無媒介に設定された無限の距離は、いとも安直に媒介が設定される。神と被造物の間には共通の尺度(mensura)も比例的関係(proportio)もないが、無媒介的な無限に陥らないために、一種の尺度、思惟の尺度として、〈存在〉の一義性が立てられねばならない。

神は無限に遠く、無限に近い。無限に遠く、そして同時に無限に近いものこそ、本当に遠いもののあり方である。神と人間はそのような関係にある。神がおのれの心のうちに住みながら、心の暗闇の中で神を求める者こそ、神から最も遠く、そして最も近い者である。外にあって無限に遠いもの、超越するがゆえに無限に遠いものが問題なのではない。神を出さなくてもよい。愛とは絆であるが故に、愛し合う二人を考えてもよい。二人は無限に近く、同時に無限に遠い。遠いからこそ、絆が必要なのだ。しかしながら最も身近なモデルは「私」である。「私」とは「私」に最も近く、近すぎて見えないがために最も遠く、その意味で一番遠い者なのだ。人間が毎朝、目を覚まして、自分を捜しに出かけなければならないのは、自分が自分にとって一番遠いものだからだ。敢えて言ってしまえば、「私」は「私」との間に共約不可能性を有しているのかもしれない。

4　偶然なるものの神学

〈存在〉の一義性において要となるのは、潜在性(virtualitas)ということだ。〈存在〉はあらゆるものを潜在的に含んでいるというのである。これは、神がすべてのものを創造したという神学的前提の上で話が進められている。しかしながら、〈存在〉が、内容の薄い、空虚な概念にしか見えないのか、「沈黙」や「間」と同じように充実したものに見えるかが、大きな岐路となる。これは趣味の違いというより、もっと深いところに根ざしている違いなのだろう。少なくとも、中世キリスト教神学でもイスラーム神学でも、たぶん宗教的背景の如何を問わず、〈存在〉を空虚なものと捉える発想はない。そして、二〇世紀は概して〈存在〉を空虚なものと捉えがちであったが、それはともかくとして、潜在性ということが、なぜ〈存在〉の一義性と関連してくるのか、少し話の向きを変えて、考えておこう。これは存在と本質の問題、そして普遍の問題への関連をつけるためでもある。

〈存在〉の一義性と潜在性の関連は、スコトゥス自身が難渋した箇所であり、なかなか面倒な議論が続くが、概略だけを見ておく。〈存在〉の一義性の問題は、神学の捉え方、つまり、神学とは知識なのか、ハビトゥスなのか、人間に許された神学はいかなるものになるのか、という論点を出発点に持っている。そこで、スコトゥスは、神学を、神学自体(Theologia in se)と、我々人間の有する神学(Theologia nostra)とに分けている。〈神学自体〉の最初の対象は「神」であり、この神はあらゆる神学的真理を潜在的に含んでいるとされる。そして、この〈神学自体〉は、その神学の対象にそれぞれ固有な関係を持つ知性——神の知性、至福直観の状態にある知性、現世の人間の知性——に応じて、それぞれの知性に応じた認識を与えるものとされる。ところが、〈人間の神学〉は、あくまで現世において肉体を伴った状態での知性が、神学の対象について有する認識である。問題となるのは、〈神学自体〉と〈人間の神学〉の関係である。

スコトゥスは、〈神学自体〉を、考察する者の始点に応じて、三つの部分に分ける。つまり、神が有する神学・〈神の神学〉(Theologia divina)と、至福直観にある者が有する神学(Theologia beatorum)と、我々人間が有する神学・〈人間の神学〉(Theologia nostra)である。神の有する神学については説明の必要もなさそうだが、認識可能なものすべてを対象として有するとされている。至福直観にある者とは、粗雑な肉体を脱ぎ捨てて、来世において神と「顔と顔とを合わせて(facie ad faciem)」対面している者のことだが、ここで考察の外におく。

さて、〈人間の神学〉は、当然のことながら、現実的にすべてのものを対象とすることはできない。せいぜい、聖書に書かれたことと、そこから導き出せることを対象とするにすぎない。そして、「〈人間の神学〉は、対象から明証性を獲得することのない、ハビトゥスである」とされる。対象から明証性を獲得するというのは、認識に必要な材料をすべて対象の方が供給してくれることで、そういうものであれば、人間の方は受動的に待ち受けていればよい。ハビトゥスである以上、概念として理解するのみならず、適用(applicatio)することもできなければならない。適用の問題は措くとしても、〈人間の神学〉がハビトゥスであるということは、認識の成立する条件に、人間の認識能力も含まれ、しかもその能力には欠落がある以上、〈人間の神学〉は限界を持ったものとなる。したがって、無限者である、神のうちに潜在的に含まれるすべてを認識できるわけではないことになる。

一般に、第一の対象(obiectum primum これは、「最初の対象」とも訳される。「動物学」における「動物」のように、最初の考察されるべき事柄と捉えておいてよい)は、すべての真理を潜在的に含んでいるとされる。「潜在的に」含んでいるとはどういうことだろう。たとえば、円の定義のなかには、円の性質がすべて含まれているわけだが、幾何学に習熟した者であれば、すべての性質を導き出すことができる。ところで、幾何学を使いこなせることはハビトゥスの一種である。円の定義から、円のすべての性質を導出できるのは、ハビトゥスが備わっている場合だけである。

ところが、〈人間の神学〉は、必然的なものをも対象とし、そのような必然的なものに関わる神学は、必然的なものを対象とする〈神学自体〉と、対象が同じである。つまり、神が対象であることについては共通であり、しかも、「神は無限存在者である」という第一真理も、人間に直接的に知られているという。

しかしながら、神学の第一の対象(=神)が、潜在的にすべての真理を含んでいるとすると、第一の対象=神からすべての真理は必然的に導出されること、ひいてはすべての事柄は必然的に生じる、ということになりかねない。すべては必然的に生じる、自由意思はありうるかという問題は措くとして、第一の対象＝神からすべての真理が導き出されないことが当然求められるが、これは、人間の能力が限定されているからということではない。

そこでスコトゥスは、神学を対象の違いに応じて、必然的なものに関わる神学(Theologia necessariorum)と偶然的なものに関わる神学(Theologia contingentium)に分類する。たぶん、スコトゥスの狙いは〈偶然なるものの神学〉——もちろん、そこには〈このもの性〉の神学、「私」の神学も含まれる——をうち立てることで、人間が啓示の光によって照らされることがないとしても手にしうる、学・知(scientia)としての神学を思い至ったのだ。そして、そのために、〈存在〉の一義性に思い至ったのだろう。

さて、偶然的なものには、神に関する真理も含まれている。神の三位一体に関する真理であれ、神のそれぞれの位格・ペルソナについてであれ、例えば「神は創造した」、「子が受肉した」というように、神の本質以外のものに関係づけられた場合には、偶然的なものとなる。ここで、要点となるのは「本質以外」ということである。本質以外ということで、人間の場合であれば、肌の色とか身長とかいった「偶有性」とか、他の事物との「関係」だけが考えられているのではなく、「笑えること」という特性(proprietas)ないし様態(passio)も含めて考えられているのである。この「特性」・「様態」というのは、かなり特殊な述語で、正確に述べれば、「その種だけに、その種のすべての個体に、常に」妥当するものが「特性」であるが、要するに、内包は異なるが、外延・指示対象が同じものと考えればよい。

特性と様態は同義なので、「様態」で話を進めると、様態は基体(subiectum)の本質に含まれないものだが、外延は重なるので、互換的＝代入可能である。本質の外部にある、つまり本質に含まれないが、互換的であるということを、スコトゥスは「潜在的に含む」と説明し、そういった様態に関わる真理は偶然的であると考えるのである。そして、そういった偶然的なものについても、知識はあり得るとスコトゥスは考える。

〈存在〉の場合について考えよう。〈一〉〈事物〉〈或るもの〉という超越概念(transcendentia)は、〈存在〉と互換的であるが、〈存在〉の概念規定を越えているので、〈存在〉の様態(passio entis)とされているが、スコトゥスは超越概念を拡張し、そこに「無限または有限」、「必然または偶然」などという、矛盾対立する両項からなる離接様態(passio disiuncta)というものも含めている。超越概念を拡張することでスコトゥスは新たな地平を切り開いたのだ。そして、〈存在〉自体は、無限／有限、必然／偶然のいずれにも中立的であると考えている。つまり、すべてのものは、それらの両項のどちらか一方でしかないが、〈存在〉それ自体はそのいずれでもなく、中立的であるというのだ。

中立的であるということは、両項のいずれも、〈存在〉の概念規定に分析的に含まれてはいない(スコトゥスの言い方では「形相的に(formaliter)含まれていない」となる)以上、〈存在〉から離接様態のどちらか一方への下降は、偶然的なものとなるのである。しかし、分析的に含まれていないとはいえ、例えば「人間は笑えるものである」という場合、主語と述語との直接的結びつきを直観的に認識することによって、直接的真理と解することはできる。つまり、定義と同じように、偶然的な真理の認識の出発点とすることはできる、という。

確かに、知識(scientia)の伝統的な定義から考えると、偶然的なものに関して、知識はあり得ないとされる。しかし、神学に属する偶然的な事柄には、確実で明証的な認識があり得るし、明証性に基づく限り、恒久的な認識があり得る。神学における偶然的な事柄は、すべて神学の第一の対象のうちに見て取れるし、その対象において、偶然的真理の結びつきを見て取ることもできるのである。

偶然的真理における主語・述語という二つの項と、それらの結合を直観することで、それらの明証的真理に関する明証的な確信を得ることができる。例えば、「神は無限である」というのでもよい。したがって、神学に属する偶然的な事柄は、必然的な事柄について獲得される知識よりも完全な認識があり得るのだ。神がすべての真理を潜在的に含むからといって、そのことによって〈神学自体〉と〈人間の神学〉との差異、必然的なものの神学と偶然的なものの神学との差異が解消してしまうのではない。

さて、以上のようなことが〈存在〉の一義性の背景である。背景には、神学の区別、様態の捉え方、直観的認識、形相的区別といった道具立てが潜んでいるのだが、〈存在〉の一義性の構造の骨組みだけ取り出せば、〈存在〉概念が矛盾対立を引き起こしうる統一性を持った概念であることは、〈存在〉の一義性の〈十分条件〉であり、〈存在〉の中立性は、その必要条件であり、〈存在〉の潜在性における第一次性(primitas virtualitatis)ということが、その必要十分条件である、ということだ。さらに言い換えれば、〈存在〉は自明で最普遍者で空虚であるから、我々にとって最も遠いものであるにもかかわらず、我々の知性に最初に刻印されるものであることは、矛盾することではなく、同一の事柄の表裏なのだ。〈存在〉が共通性の第一次性のみでなく、潜在性の第一次性をも有しているとスコトゥスが述べたことは、そのことと相即している。

しかし、結局、何が分かったのだろう。スコラ哲学的議論を重ねていくと、そもそも何を議論していたか分からなくなることも少なくないのだが、ここで言いたいのは、〈存在〉の一義性において語られる〈存在〉は、コミュニカビリティの原型であることだ。アヴィセンナは、「〈存在〉は第一の印象によって、精神に刻印される」と述べた。「第一」ということが、何を意味するかで実は様々な解釈があったわけだが、ともかくも〈存在〉が最初に精神に刻印されるということは、西洋中世哲学に画期的な影響を及ぼし、形而上学の可能性を切りひらいたのだ。

無謀さを承知でまとめると、〈存在〉の一義性には、共約不可能性という論点と、コミュニカビリティという論点が含まれている。そして、〈存在〉の一義性のもとでは、〈存在〉は、コミュニカビリティの異名になると考えたいのである。天使の言葉にこだわったのは、天使の言葉への憧れの中で、何が忘却されるのかを明らかにするためだった。このコミュニカビリティは、コミュニケーションの単なる条件ではなく、不透明さを備えたものだ。その不透明さは、単に言葉の問題にだけではなく、〈存在〉の問題に登場する。その〈存在〉の不透明さは、〈存在〉の一義性に見て取ることができるのではないか、というのが出発点だった。その内実は、共約不可能性とコミュニカビリティが必ずしも矛盾対立するのではなく、相補的な関係にあると捉えることで示すことができるのではないか、というのが、本章の狙いである。

しかしなぜ、〈存在〉の一義性という、〈存在〉の平板化を目指すように見えるものに、共約不可能性という落差を取り入れねばならないのだろう。そして、それを天使の言葉や聖霊論や欲望論・身体論と結びつける必要があるのだろう。私が知りたいのは、「私」と〈存在〉の関係なのだ。それは、いわば「超越的内在」というあり方を基本にし、だからこそ忘却されることによってしか、自らを示さないということがあるのではないだろうか。しかし、忘却されることによってしか、姿を現さないことは、考えてみると日常的な場面にありふれ、身体論において論じられる問題に見出されると思われる。それこそ、一般者の自己限定という構図で考えないとなかなか見えにくい事柄だ。もし、そのような見通しが正しければ、〈存在〉の自己顕現・自己限定ということを語ることも可能になってくる。プロティノスに限定されるわけではないが、少なくとも西洋古代とイスラーム哲学において顕著に見出される、自己限定のモチーフは、西洋中世にも流れ込んでいるのではないか、その流れを直接汲み取ることはできないのか、汲み取ることは、現代において求められているリアリティの問題に何かを与えてくれるはずだ、これがこの本の最初にあったモチーフなのだ。

最初に与えられるものである以上、最も近しいものであることは確かだ。しかし、それは潜在的にすべてのものを含むが故に、展開されねばならず、〈存在〉が完全な明るみに立つのは、そういった展開の終了した後だが、展開に終局はない。したがって、最初に与えられながらも、最後になっても与えられないものでもある。

こういう事態を内在的超越と呼ぼうと超越的内在と呼ぼうとどちらでもよい。そして、このような構図の中で、個体化の問題や普遍の問題が論じられていたのだ。私が求めているのは、〈見えないもの〉が〈見えるもの〉に転じていく生成の過程の中で、己を持する(se habere)ための〈形〉についてなのだ。このモチーフを垣間見ることで、当初の問題への答えらしきものを、得る手がかりにしよう。

第6章　普遍とリアリティ

一人の人間は個物であり、個物に囲まれて生きている。「個物」の定義をしようとするとかえって訳の分からないことになるが、一つ一つあるもの、一つ一つと指を指して数えられるものと考えておけばよい。存在するのは、個物だけで、それ以外のものは、すべて人間が構成したものだと考えたければ、考えられないわけではない。

ところが、人間の用いる言葉は、固有名詞などを除けば、ほとんど普遍を表す名詞、形容詞などから成り立っている。動物も人間も個物に取り囲まれながら、リアリティの不在を悩むことができるのは人間だけだろう。

リアリティといっても実に多様な内実を含むが、「私」ということ、「私」の身の回りのことがリアルに感じられないとすると、世界は現実に感覚できる事物からだけで成立しているのではないかもしれないし、人間も言葉を使うことで、「普遍」に関わるようにし向けられているのかもしれない。もし普遍の実在性が示しにくいにもかかわらず、示さざるを得ないとしたら、それは一つには人間が言葉を有してしまったからだろう。たぶん、人間が動物に戻り、個物だけからなる世界、鳴き声によるコミュニケーションの世界に住むことができたら、普遍の問題は解消するのだが、言葉の使用とともに、人間は個物以外の存在者を世界に住まわせるしかなくなったのだ。

ところが、不思議なことに、中世末期に唯名論が登場して以来、真に存在するものは個体であるという個体主義が主流を占めてきた。これは民主主義の前提となる個人主義と連動して、現代にまで至る思想の基底をなしてきたと言える。対応して、普遍の実在論を主張すると解される実在論は、旧式の考えとして攻撃の矢面に立たされてきた。

確かに、普遍の方が個体よりもリアリティを持つことは少ないようにも思われる。一人一人の人間を思い浮かべることはできるし、その一人一人の人間を目の前に見、手で触れることもできる。ところが、人間性とか人間一般では目で見ることも触れることもできない。

しかし、リアリティは肉体からの感覚的刺激を通して与えられるもの、またはその強さと相関するような何ものかでしかないのか。唯名論は感覚されるもの、物理的に現前するものを重視したわけだが、現実的感覚がそれほど確実なものではないことを閑却する傾向にある。もちろん、唯名論が「普遍」という自明なものを得体の知れないものとして捉えようとする実在論者の蒙昧さへの嫌悪として生まれたのであれば、賛成できるところもある。しかし、実在論者とは普遍が実在することを頑迷に主張する立場ではない。

人間が言葉を有することと、意識を有することとは、「人間」と「笑えるもの」の関係と同じで、意味において異なっても事柄としては重なり合うようなことだろう。そして、第4章で見たように、人間はハビトゥスを介して世界を織り上げ、世界はハビトゥスを通して姿を現してくるという言い方もできる。精神と身体は相互浸透しあっている以上、人間のすべての意識作用は、たとえいかに瞬間的なものであろうと、過去と未来、可能性と現実性、偶然性と必然性などからなる移行過程を含んでいる。ハビトゥスとは、そういった生成とプロセスを支える潜在性の構造のことなのである。潜在性とは、可能性の層からなるものではなく、現実性への傾向、自己展開の契機を含んだものだ。ということは、リアリティはハビトゥスに裏付けられていなければならない、とは言えないのだろうか。いや、ハビトゥスを背景として与えられる感覚であればこそ、その感覚にリアリティがあると言えるのではないか。ハビトゥスなき感覚は盲目で、自己破滅的であり、感覚なきハビトゥスは空虚で、抽象的なものでしかない。

リアリティは必ずしも直接現れてくるものではない。たとえ存在するのが個物だけであったとしても、個物がありのままに、個物の有する全契機が展開されて認識されることはあり得ない。感覚にすら個物のすべてが与えられるわけではない。渾然たる仕方で、ないし潜在的な仕方ですべてが与えられるということはあり得るが、その渾然たる様、潜在性は、人間が構成したものというより、事物の側に備わった、事物の現れ方の様相なのだ。リアリティは現実性の相においてよりも、潜在性の相において現れるのだ。身体イメージとしてではなく、身体図式として現れると述べても、ほぼ同じことになるだろう。

では、リアリティの問題を身体の問題に還元しようとしているのだろうか。もちろん、そうではない。現代は唯名論的枠組みを基礎にしたリアリティの捉え方が主流であるが、もしそれに異を唱えようとすれば、伝統的な存在論の枠組みにコミットする必要がある。ところが、伝統的存在論に身体や肉体は登場しない。肉体を取り込んだ存在論は、一九六一年になくなったメルロ＝ポンティの「肉の存在論」など少数の例はあっても、それ以外にはほとんどない。私としても、肉体の問題に還元すれば済むというのではない。しかし、かなり奇妙な言い方になってしまうのだが、普遍もまた、いやそれどころか〈存在〉も、身体を有する、といいたいのだ。もちろん、この身体は、物理的な物質の意味でも、生理的な肉体の意味においてでもない。メルロ＝ポンティが「肉」を語ったのも、抽象的な概念によってではなく、「地・水・火・風」と同じように、身近でありふれたものをエレメントとする存在論を語りたかったためだろうが、私としても、普遍が身体を有するとは、普遍とは身近にありふれ、身近な場所に現れるものだ、ということが言いたいのだ。普遍が身体を有するとは、普遍が抽象的ではなく、具体性を帯びていることの言い換えでしかない。普遍とは、「肉」に近いものだ。

そのような普遍の捉え方は、哲学史的に許容されるのか、誰も許容しないとしても事柄として許容されるのか、少し哲学の歴史を遡り、普遍論争を振り返ることで、話を進めていこう。

1　普遍論争の焦点

普遍論争とはいったい何だったのだろうか。いや、その前に「普遍」ということが茫漠としている。もちろん、〈存在〉よりはまだ、内実を伴っているから、〈存在〉よりは思考しやすいところがある。

前章で〈存在〉を論じたのは、〈存在〉が最も近くにあると同時に、最も遠くにもあることを示したかったからだ。「存在の忘却」ということが語られた時期もあったが、欲望の起源が忘却されることで欲望が己有化されるということがあるのと同じように、〈存在〉も忘却されることで、やっと自己を開示できるのではないかと思えてくる。

〈存在〉とか、一般者の自己限定ということは、分かりにくいと評されるが、〈存在〉という一般者が自己限定して、現れ出てきた姿の一つが、「普遍」だと考えれば、〈存在〉の問題と、普遍の問題が結びつくことは、奇妙なことではないだろう。

普遍とはどういうことだろう。「人間」とか「人間性」という一般名詞も立派な普遍なのだが、何を表しているのだろう。(a1) 一般名詞によって表されている事物、(a2) 事物の内在している性質、(a3) 事物について生じている事態、(b) そういったものについて思考・判断している心的状態、(c)「人間」とか「人間である」という記号表現そのもの、といった様々な見方が可能だ。

ところで、「人間」というのでも、いろいろな解釈の仕方があるので、「プラトンは人間だ」というように、「人間」が判断ないし命題の述語になっている場合を考えてみる。というのも、「普遍」とは、アリストテレスの定義によると、「複数のもののうちにあり、複数のものの述語となるもの (in multis et de multis)」とされているからだ。ここでは、「プラトン」以外の者にはお引き取り願って複数の例ではなく、一つのもので考えてみる。

「うちにある」という規定について見ると、「人間」が「プラトン」のうちにある、という言い方は、妊娠中でもなければ成り立たない。だが、「人間性」が「プラトン」のうちにあるという言い方ならば許容される。また、「プラトンは人間性である」とは言えないが、「人間性がプラトンに述語づけられる」とは言えるから、「人間性」は〈普遍〉といえる。また、「プラトンとソクラテスは違う人間だが、人間自体・人間そのものという点では同じである」という言い方もあるから、「人間自体・人間そのもの」というのも、〈普遍〉の資格を満たしている。

「述語となる」という規定については、「人間である」の場合のように、述語としての側面に注目すると、或るものを「人間である」という判断を行う心的作用として解する場合と、「プラトンは人間である」という命題として解する場合とが考えられる。「述語となる」ということは、命題を構成していなければ生じないし、命題を構成する存在者(普通は人間だが、天使でも動物でもよい)が存在して、初めて成立することだ。

すると、「うちにある」ということは、人間がいなくても成立しそうだが、「述語となる」ということは、命題を構成する人間が存在しなくては成立しないことになる。だが、「述語となる」ということが、現実に述語づけられていることであるとすると、普遍とは知性が構成したものとなる。

しかし、「プラトンは人間である」という命題が真理であるとき、その真理の理由は、慣習的に定められた記号使用の規則に合致しているとか、その規則を正しく使用しているとかということには汲み尽くされないところがある、少なくとも多くの人はそう感じるだろう。

このように、普遍の見方にはいろいろありそうだが、伝統的には、三つの見方があると整理されてきた。つまり、実在論(または実念論)、概念論、唯名論である。なお、「実在論」といえば、意識から独立した事物を認め、それを認識の基礎とする立場を指す場合もあり、区別して「実念論」と言われる場合もあるが、両者とも英語ではrealismであること、ここでは普遍に関する問題だけを扱い、紛れることがないので用語としては「実在論」を用いる。

哲学史を振り返ると、普遍に関する議論は長い間次のように整理されてきた。中世初期に支配的だったのが、実在論で、この立場では、本来の普遍は、イデアであり、事物の概念的本質であり普遍であるから、普遍とは〈もの〉・個物に先立つ(ante rem)ものだ、ということになる。

ところが、スコラ哲学の内部において、以上の傾向に反対する思想が現れた。唯名論である。唯名論とは、真に存在するのは個物だけであって、類とか普遍というのは、人間知性が仮構した単なる抽象物でしかない、とするものである。この立場によれば、普遍とは、音声の息ないし声として生じてくる風(flatus vocis)でしかないことになる。そして普遍は個物から抽象されて生じてくるものであるから、〈もの〉・個物の後に(post rem)あることになる。

この実在論と唯名論との間では盛んに論争が行われたが、後にこの二つの立場に対して調停的位置を占める第三の立場が生じてきた。アベラール(一〇七九—一一四二年)の概念論である。アベラールは、実在論のように普遍を個々の事物から離れてそして先だって存在するものとも考えず、また唯名論のように普遍を抽象物とも考えず、〈もの〉・個物の内に(in re)存在すると考えた、という。ここまでが伝統的な枠組みに沿った整理である。

かつて、私は『普遍論争』という著書のなかで、概念論が存在しないこと、また、普遍論争は、普遍が〈もの〉・個物の、前・内・後のいずれにあるかという仕方で捉えられてきたが、「前・内・後」というのは、普遍に関する分類の仕方で、三つの立場に分けることに問題があることを指摘しておいた。ただし、その著書では普遍論争の前景を論じることしかできなかった。

問題はどこにあるのだろうか。先ほど、「人間」に関して、(a1)事物、(a2)性質、(a3)事態、(b)思考作用、(c)記号表現、という風に分類しておいた。(a1)事物というのは、「人間一般」によって指示される事物ということだから、イデアが実在するということでなければ、成り立ちそうにもないし、イデア論を奉じる奇特な人はまれだから、避けて通ってよいだろう。もっとも「事物」とは何かを考えると、案外「人間一般」は事物を指示するとも考えられるが、「普遍論争」ならぬ「事物論争」を引き起こしかねないので立ち入らない。(a2)性質というのも、論理的にパラドクスを引き起こす。普遍とは一なるものだが、ソクラテスのうちの「人間」とプラトンのうちの「人間」という性質は、たとえ「人間性」という類似した性質があるとしても、一つのものが同時に二つの事物にあることになって、つじつまが合わなくなる。

(a3)「事態」としてあることとは、普遍の持つ奥行きを取り込めるところがある。〈事態〉というのは、たとえば、「白いこと」というのでよい。「この紙もあの紙も白い」という場合、「白さ」という共通の性質が両者に宿っているから、両者は白い、とも考えられるが、共通の性質として存在措定すると面倒なことになる。両者は「白いこと」において同じであるとすれば、話が変わってくる。どこが違うのか見えにくいかもしれないが、「両者とも黒くない」という場合、「黒くないこと」において両者は同じである、とすれば、「黒くない性質」というようなものを設定しなくてもよい。性質は、事態と違って、「……でないこと」という否定的事態になじむものではない。もし性質にそういう否定的事態が含まれると、どんなシンプルなものも、無限の多くの「……でない」という性質を持つことになってしまう。「黒くないこと」という事態は、どこかに存在したり、目で見たりすることができるようなものではない。つまり、〈事態〉とは、何か存在するものを措定しなくても済むのだ。〈事態〉とは何か実在する事物、またはその性質を指示するものではない。つまり、〈事態〉というものを考えることの意味は、一つには言葉には否定作用ということが含まれることに由来する。否定を含まない言語はおそらく存在しないが、事物の中に〈否定〉は見出されないのだ。もちろん、事物の中に〈否定〉を措定した人々は、中世でも近代でもいたわけだが、少なくとも中世において、「事象的否定(negatio in re)」ということが語られる場合でも、事物の中に〈否定〉があると考えられていたわけではない。否定は、唯物論的弁証法でも受け入れない限り、事物の中にはなく、人間が思惟し、言葉を用いることによって可能になった、痕跡のようなものだ。

話を戻そう。(b)思考作用として普遍を捉えることはどうだろう。これは、アリストテレス‐アヴェロエス的発想だが、中世にもよく見られる発想である。「知性が事物のうちに普遍を構成する

(Intellectus facit universalitatem in re.)」というアヴェロエス(一一二六―一一九八年)の格率は、中世でよく用いられたものだった。この格率を援用することは、唯名論にある程度加担することになる。もちろん、全面的に唯名論になるとは限らないのだが、少なくとも勝義の普遍は、知性の思考作用によって生じるというのであり、事物のうちにある普遍は必ずしも否定されることにはならないが、本来的なものではなく、せいぜい、普遍の萌芽として捉えられるにすぎなくなる。ここでは、「白」という普遍は、「白」という概念か、「白い」という判断作用ということになる。

(c)の記号としての普遍というのは、思考作用を記号化したものだから、普遍としての資格を十分に有している。結局、(b)と(c)の普遍において「複数のものの述語となる」という点については問題ないとしても、「複数のもののうちにある」というのはどうなるのだろう。「述語は主語に内在する」、つまり述語の概念は主語の概念に内在すると考えれば、問題ない。

このような舞台設定のもとでは、やはり唯名論が優勢を占める。実在論は、(b)と(c)が普遍であることを認めているが、その上で、(a)のレベルで、普遍の実在性を示す必要が出てくる。(a)のレベルに登場する普遍は、「複数のものの述語となる」という規定を充たすことが困難である。事物のうちに命題・思考・判断というものはないからだ。

実在論者の中には、事物の中の命題(propositio in re)というものまで認めて、(a)のレベルにおける実在性を示そうとした者もいた。しかし、実在論者がなすべきことは、事物の中に何らかの意味で普遍と言えるような存在者を措定し、その存在を証明することではなく、事物の中における普遍の実在性・リアリティを示すことだ。実在性とは、必ずしも事物として存在していることではない、いや、事物として存在していることの方が、逆に実在性の陰ではないのか。

このように述べると、現実の事物よりも、天上のイデアの方に多くの実在性を認める、「逆立ちした存在論」としてのプラトニズムを主張するのではないか、という異論がすぐに出てくる。ここでプラトンを擁護する用意はないのだが、少なくとも新プラトン主義における存在論の枠組みの中には、事物の中の普遍の実在性を語る枠組み、しかも〈事物の中の普遍〉を実体化しないで語る枠組みがあったと思われる。

何度か触れてきたことだが、一三世紀の後半、実在論が優勢を占めた時代において、盛んに用いられた格率が、アヴィセンナの「馬性は馬性に他ならない」というものだった。「馬性」というのは、正確には「馬性である限りの馬性」のことで、この「馬性」は普遍でも個物でも、可能態でも現実態でも、精神の外にあるのでも内にあるのでもないとされた。矛盾対立することのどちらでもない以上、〈存在〉の場合と同様に、中立無記性が見出されると言ってもよいし、「馬性」とは「無性」のことだと言ってもよいかもしれない。とにかく、普遍でも個物でもない「馬性」、特に普遍としての特質を持っていない「馬性」を持ち出すことが、なぜ実在論を支援し得るのか、この辺に鍵がありそうである。

2 プロティノスの残照

「馬性」を持ち出すことが、なぜ実在論にコミットすることになるのかは、スコラ哲学の文脈を知らないと理解しにくいところもあるが、要点となるのは、存在することを、固定的状態としてではなく、「生成」として見ようとする視点があったことだ。存在、個体、事物、真理、価値といったものを、人間は、人間の言葉そのものが固定的状態を語るのが得意で、生成を語るのが苦手なためなのか、固定的に捉えようとする。変化するとすれば、万物流転、相対主義、歴史主義、懐疑論になるのが必然であるかの如く、考えたいのだろう。〈同一性〉ということを、動かない、とどまり続けるものとして捉えたいということもあるのだろう。

ここで最初に取り上げたいのは、プロティノスだ。彼の著作集『エンネアデス』にある、難解さと凡俗を拒む美しさだけでも、十分熟読すべき価値のある著作だが、何よりもプロティノスの問題意識においては、「私とは何か」という私的な問題次元と、宇宙の生成を語る世界的・宇宙的な問題次元と、神・一者からの流出を語る超越的次元が一緒に登場していることが重要だと思われる。言い換えれば、リアリティをめぐる問題次元がマクロな位相とミクロな位相とを併せ持っていることを前提として話を進めていると思われるのだ。もしそう捉えてよければ、〈存在〉や普遍の実在性を語ることと、「私」のリアリティを語ることが結びつく領野が示されているという予想がつくからだ。その結びつきは、直接的・無媒介的に成立するはずもなく、ここでも生成と媒介によってしか成立せず、事柄として単純でも、思ったより複雑な表現になるしかないかもしれない。

さて、プロティノスの枠組みを見る前に、予め知っておくべきなのは、〈一者〉、〈知性〉、〈魂〉という三つのものが三大構成要素としてあることだ。〈魂〉の下に、〈動物〉、〈植物〉、〈無生物〉といったものが置かれているが、ここで重要なのは最初の三つである。

〈魂〉は、地上にある人間の地位に対応するもので、この「私」と置き直してもよい。プロティノスにおいても、重要な問題は「私とは何か」ということだったわけだが、古代においては、そのような形で問われるのではなく、「私はどこから来たのか(来歴)」、「私はどこに行くのか(将来)」を問う形で論じられる。そこでは、宇宙の始まりを語ることは「私」の問題と密接に関連しているのだ。共時的な現在の構造を語るのに、通時的な地平に投影させて語るのであり、その語り方が神話的なものになろうと、それは過去を語っているのではない。過去を神話的に語ることは、必ずしも蒙昧さゆえではなく、現在の状態を語るのに、現在成立している事態を記述して束ねても、現在の状態のあり方が見えてこないことを気づいていたのだろう。神話的過去(神学的過去であろうと存在論的過去であろうともよいが)とは、現在の異名なのだ。

〈一者〉＝〈かのもの〉とは神のことであるが、「私＝魂」がどこから来たのかと問われれば、当然〈一者〉からとなる。どこに行くのかと問われれば、やはり〈一者〉へとなる。ところで、〈一者〉とともにあることが至福とされていたわけだが、〈一者〉から生じ〈一者〉に戻ることが自然の習いであれば、別に取り立てて問題とされるに及ばない。それが問題となるのは、〈魂〉がどのようにして〈一者〉から生じてきたのか、〈魂〉はどうやって〈一者〉に戻ればよいのか、しかも〈動物〉〈植物〉〈無生物〉といった下方にあるものに流出していくのではなく、〈一者〉という上にあるものに戻っていけばよいのか、不明であるがゆえに、問われたということだ。

とにかく〈一者〉との間に成り立つ往還に、「私とは何か」という問いへの答えが求められたわけだが、特にどうやって戻ればよいのかの方が、未来の生き方に関わるためにより重要となるのだが、どうやって戻るかは、どのようにして生じてきたかが知られて初めて明らかになることだ。だからこそ、〈一者〉から〈魂〉がどうやって生じてきたかが、最大の鍵になる。

ここで、〈一者〉から〈魂〉の流出・発出を簡潔に物語る、プロティノス『エンネアデス』V-2の一部を見ておく。かなり長い引用であるが、重要テキストなのでそのまま引用する。なお、［　］の部分は補足である。

〈一者〉はすべてのものであり、そして何か一つのものですらない。なぜなら、〈かのもの〉はすべてのものの始源であって、すべてのものではないのだから。しかし先の意味では、〈かのもの〉はすべてのものである。なぜなら、すべてのものは〈かのところ〉へいわば忍び込んでいるのだから。いやむしろ、それらはまだ存在していないが、存在するだろう。

では、いったいどのようにして単一な〈一者〉から――かの〈同一なるもの〉の内には、いかなる多様性も、どのような襞も現れていないのに――［多なるものが現れてきたのか］。

いやむしろ、〈彼〉の内には何一つなかったからこそ、〈彼〉からすべてのものが生まれたのであり、有るものがありうるために、まさにそのために〈彼自身〉は有るものでなく、それの産出者なのである。そしてこれが、第一番目のいわば「産出」なのである。というのは、〈かのもの〉は何ものをも求めず、またもたず、必要としない状態にあるので、まさに完全なものであるから、いわば溢れ出たものであり、〈かのもの〉のこの充溢が他者を作りだしたわけである。ところで、この生まれたものは、〈かのもの〉のほうに向き直って、満たされて、〈かのもの〉を視るものとなった。そしてこれが知性なのである。また、〈かのもの〉のほうに向いてそれの立ち止まりが有るものを、また〈かのもの〉への視観が知性(ヌース)を作りだしたのである。だがそのものは、〈かのもの〉の方を見るために立ち止まったのであるから、同時に知性と有るものとになったわけである。

さてそこで、知性も〈かのもの〉に似たものであるので、〈かのもの〉と同じようなことを行うのであって、多大の力を注ぎ出す。このもの[知性]は、〈かのもの〉の似姿であるので、ちょうどまたそれの前のものが注ぎだしたのと同じようにするわけである。そして、実有(ウーシアー)から発するこの働きが、魂(プシュケー)という働きなのである。魂は知性が静止していて生まれるのである。なぜなら知性も、それの前のものが静止していて生まれたのだから。

他方、魂は静止したままで、作り出すのではなく、動きながら影像を産み出すのである。つまり魂は、自分がそこから生まれ出たものを眺めて、満たされるのだが、別の反対方向への運動によって進出し、自分の影像である感覚能力と植物内の自然とを産み出すのである。

(プロティノス『エンネアデス』V-2、水地宗明訳、中央公論社、プロティノス全集 第三巻所収、訳文を一部変更)

プロティノスは、〈一者〉をできるだけ名指さずに〈かのもの〉として語る。示すことはできても、語り得ないものであることと考えてのことであろう。そして、それは「有るもの・存在するもの」でもない。もちろん、存在しないものでもない。ちょうど、〈見えるもの〉を見えるようにする光が、見えることの源泉にありながら、〈見えるもの〉ではないことと類比的だ。〈一者〉を存在しないということはできないわけではないが、通常の否定とは異なっている。当然のことながら、〈一者〉は存在するものでも、存在しないもののいずれでもないだろう。

ところで、プロティノスの『エンネアデス』の後半(第四、五、六巻)が、経緯は未詳のままだが、原文に解説・注釈が入り込んで、アラビア語に訳され、九世紀初頭に、『アリストテレス神学』が成立した。この書物は、題名に示されるようにアリストテレスの神学を語っているものと考えられたりもしたが、むしろアラビア哲学におけるネオプラトニズムの嚆矢とみなされるもので、その後のアラビア哲学に大きな影響を及ぼすことになったが、今挙げた箇所は特に重要視された。先の『エンネアデス』の引用に対応する部分の中で、とりわけ重要と思われる一節を試訳しておく。

絶対的な〈一者〉はすべてのものの原因であり、それの事物のいずれとも似ていない。むしろ、〈一者〉はすべてのものの始源であって、すべてのものではない。むしろ、すべてのものは〈かのもの〉のうちにあり、すべてのもののいずれのうちにもない。というのも、すべてのものは〈かのもの〉から流出するからである。〈かのもの〉のうちにすべてのものの支えがあり、それらが還帰するのは〈かのもの〉に向かってなのである。

もし誰かが、「いかなる点から見ても、二重性も多様性もないような、単純なる〈一者〉から、多なるものが現れてくることがあるのか」と述べる者があれば、次のように答えよう。「〈かのもの〉は絶対的に、単純なる一者であり、それらの事物のいずれをも含んでおらず、純粋なる一者であるがゆえに、すべてのものが〈かのもの〉から流出するのである」と。というのも、〈かのもの〉は《同一性》を有していないが、《同一性》が〈かのもの〉から流出するのであるから。議論を要約すれば次のようになる。〈かのもの〉はすべてのもののいずれでもないが、すべてのものは〈かのもの〉から生じるのである、と。しかし、すべてのものは〈かのもの〉から流出するのであるが、第一の《同一性》——私は精神の《同一性》を意味している——が、媒介なしに〈かのもの〉から流出するのである。その次に、その《同一性》から、英知界および感覚界におけるすべての事物の《同一性》が、精神の《同一性》、および英知界という媒介を通して生じてくるのである。

（『アリストテレス神学』第一〇巻）

ここで登場する《同一性》というのが、プロティノスのギリシア語テキストでは「タウトン」であり、『アリストテレス神学』のアラビア語テキストでは「フウィーヤ」である。「フウィーヤ」は、ギリシア語の存在(エイナイ)や存在者(オン)の訳語として用いられるという伝統もあるのだが、この箇所は、そういう伝統とは異なる流れのうちにある。存在論の基本的用語の歴史的生成をめぐる考察に入ると泥沼になってしまうので、ここでは独断的結論だけ述べておくことにするが、《同一性》とは、一(第一者)と多(被造物)の媒介であり、同時に一なるものが多なるものへと展開生成する過程と力でもあるということだ。

この箇所は、謎めいた意味を有する「フウィーヤ」、しかも「存在」や「存在者」という意味以外で用いられる、珍しい用例の「フウィーヤ」が何度も登場し、しかも重要な役割を与えられているためなのか、アヴィセンナも注目したらしく、「『アリストテレス神学』へのメモ」のなかで、詳しい考察を加えている。その要点だけ紹介しておくと、次のようになる。最初の被造物、正確には創造された知性の《同一性》は、自分自身についての知性理解と、第一者についての知性理解から構成されている。被造物を分析していくと、最終的には、(1)〈本質〉(mahiyya)と、(2)第一者に由来する〈存在〉に行き着く。その場合の〈本質〉は、〈本質〉である限りで創造された〈本質〉、言い換えれば〈本質自体〉ではなく、〈存在〉が〈本質〉と結びつけられた限りにおいて創造されたものである。〈本質〉は、それ自体で捉えられる限り、(1)〈本質〉と、(2)〈本質〉をして必然的に〈存在〉に至らしめる第一者の〈存在〉との集まりではなく、むしろ、〈存在〉が事物に偶有するのと同じように、〈本質自体〉に関係しているのである。要するに、創造されたものにおける〈本質〉が、〈本質自体〉に対して有する関係は、一種の偶有性なのだ。さらに、この〈本質〉の〈存在〉は、〈存在〉そのものではなく、また、〈存在〉が偶有的に付加される(lahiq)事物なのでもない。〈本質〉の〈存在〉は、〈本質〉に付加される〈存在〉そのものであり、しかも、それに偶有的な仕方で、〈存在〉が帰属するかが問われうるような、他の〈存在〉なのではない。それは〈存在〉それ自体なのであり、偶然的〈存在〉とか必然的〈存在〉よりも一般的なものなのである。

目が眩むような議論なので、乱暴に論旨をまとめると、《同一性》とは、存在としての存在、本質としての本質というように、「AとしてのA、Aである限りのA」として表現され、一種の自己関係としてあり、その作用の結果として産み出される多様性との関連なしに捉えられるものである。〈存在〉そのものが純粋状態であるとすると、その最初の結果の〈知性〉は、自己関係によって、〈存在〉以外の規定を有するようになり、一種の多様性を有するようになったが、その多様性は最小限の多様性であり、十全な多様性が現実性・個体性であるとすると、現実性や個体性を支える原理としてあるということになるだろう。

ここでは、アヴィセンナの考えを分析することは断念し、その芳しい香りを味わうだけにとどめるが、現実化・個体化がプロセスとして捉えられ、その過程を担うものが《同一性》として捉えられていることだけは押さえてもらいたい。さらに、一点だけ付け加えておくと、〈存在〉とは〈本質〉と別個ではないにもかかわらず、〈存在〉は一種の偶有性なのだ。難しいことのようだが、これは西田幾多郎の「純粋経験」と同様に、我々が生まれてから死ぬまで毎日行っていることだ。あたり前にものを見、ものが見えることに誰も驚かないことが、無限の複雑を有した奇跡であることと類比的なのだろう。

蛇足になるが、キンディー（八〇一頃―八六六年頃）が『第一哲学』で述べていることは多少光を与えてくれる。キンディー自身、『アリストテレス神学』の編集と関わりがあったことが指摘されているし、次の箇所は内容的にも連関しているからだ。

> 存在化(tahawwi)とはすべて、存在していないものを存在させる受動作用に他ならない。したがって、神の第一者から一なるもの（＝被造物）が流出するのは、感覚可能なものとそれに付随するものが存在化すること(tahawwi)に他ならない。したがって、感覚可能なものが各々が存在するのは、真の第一者が、自分の現実存在(huwiyya)によってそれらを存在化するときなのである。（中略）永遠でないものは創造されたものであり、換言すれば、その現実存在(huwiyya)はその原因に由来するものである。ゆえに、存在化を受けるものは創造されたものであり、存在化の原因は真の第一者であり、創造の原因は第一者ということになる。
>
> （アル＝キンディー『第一哲学』）

ここでは、現実化・個体化のプロセスが、「存在化」として捉えられ、その「存在化」の相が

「現実存在(フウィーヤ)」として考えられているようだ。訳語の違いに示されるように(この訳語の選択はまったくの試案である)、多少意味合いの異なる「フウィーヤ」が登場しているとも言えるが、問題領野はまったく同じであると思われる。

このように、たぶん、《同一性》とは、媒体・媒介者なのであり、同時に生成のプロセス、存在化、現実化を表すものなのだ。しかし、媒介は、言葉やコミュニケーションの場合においてもそうであるように、案外見落とされやすい。その理由は、媒介には始点と終端に向かう、二つの顔があり、その二つの顔を通してしか、媒介は姿を現さない、しかも始点に向かう顔と終端に向かう顔が、それぞれ始点と終端と取り違えられて、媒介は何もない「空虚な真ん中」ということになってしまうからかもしれない。しかし、相対立するものの中間にあるような媒介は、その中間にあるというだけでは媒介にはならない。媒介になるものは、あくまで同時に二つの顔を持った存在である。言い換えれば、始点でも終点でもないが、同時にそのいずれでもありうることが媒介の本来の姿だ。もちろん、媒介が一種の関係として捉えられ、項に対する関係の先行性が語られるだけでは、媒介ということは理解されない。また、媒介にある二つの顔を別個のものとして独立させて考えればやはり誤りに陥るだろう。二つの顔が実は一つのものであること、いや一つのものの異なる現れであることが知られて初めて、媒介は知られるものとなろう。

さて、このようにプロティノスでは〈第一者〉は〈存在〉ではなく、あくまで〈存在〉の源泉なのであり、イスラームでは〈第一者〉は〈存在〉として捉えられているという違いはあるが、〈存在〉の自己展開、一般者の自己限定のモチーフが示されているということでは共通している。このモチーフが中世の実在論にそのまま流入したわけではないが、様々な道を介して流れ込んでいることは確かだ。そのモチーフを多かれ少なかれ、一三世紀後半の実在論者と言われる人々は受容したのだ。スコトゥスは、直接なのか、ガンのヘンリクスを介してなのか、判然とはしないが、大きな影響を受けているのは事実であり、それを自家薬籠中のものとして取り入れ、独自の思想を展開したことは確かである。

次にこれまた大きな課題となる存在と本質の関係について概観を試みておく。

3　存在と本質

存在と本質をめぐる問題については、サルトルの「存在は本質に先立つ」という言葉が有名だ。中世哲学では、本質が存在に先立つとされていたが、「実存主義」では先後関係が逆になるというのだ。その際、「存在は本質に先立つ」という言葉は、理論よりも実践を、思索よりも行動を先立てよ、「見る前に跳べ」という意味合いで捉えられていた。言うまでもないが、理論なき実践は、概念なき直観と同様に盲目だ。

かたや、本質から存在を導出することができるのかという問題の場合、もちろん、被造物の場合は可能であるはずもないが、神においては、本質が存在を含むが故に、神の存在証明の可能性と関連づけられて考えられる場合もある。ここでは、問題の全体を見通すことはできないため、個体化の問題と関連させて考えてみることにしよう。

さて、存在(英 existence)と本質(英 essence)は、日本語にすれば、「……があること」＝存在、「……であること」＝本質として整理されることが多い。たとえば、小説に登場する人物の本質をいくら蓄積しても、その存在には到達しない、つまり、いくら「……であること」を積み重ねても、「……があること」にはならない、ということはよく分かることだ。しかし、存在と本質の問題は本当にそういう問題なのか。なぜならば、もしそういう問題であるとすると、中世において論じられた、本質と存在の実在的区別とか、存在の偶有性説とかは理解しにくいものとなってしまうからだ。

「本質」とは何かと問われると答えにくいのだが、本質(essentia)と自然本性(natura)と何性(quiditas)はほぼ重なり合うものであり、本質とは〈或るものをそのものたらしめているもの〉と考えてとりあえずよい。

この本質をめぐる事態について、トマス・アクィナスは『存在者と本質』という名著で、革命的な整理を行っている。本質＝自然本性は、(1)個々の事物の内にある場合、(2)魂の内にある場合、(3)絶対的に考察される場合、という三つのあり方があるというのだ。

絶対的な考察(absoluta consideratio)は、中世存在論の鍵をなすもので、アヴィセンナの影響を受けていることは歴然としているが、言語表現としては、たとえば「人間である限りの人間(homo inquantum homo)」に見られるものだ。この表現を主語とした場合、真となる述語は、本質そのものに含まれるものでしかない。つまり、「この人間＝ソクラテスは白い」という命題が真であっても、「人間である限りのソクラテスは白い」というのは偽である。「白い」というのは人間の本質に含まれないからである。さらに重要なのは、「人間である限りの人間」は一（普遍）でも多（個物）でも、事物の内にも精神の内にもなく、可能態としてあるのでも現実態としてあるのでもない、ということだ。整理すれば、すべてのものは、Aか～Aのどちらかであるとして、「人間である限りの人間」はAでも～Aでもないことになる。矛盾対立する選択肢があって、すべてのものがどちらか一方に当てはまるとしても、「人間である限りの人間」＝絶対的に考察された本質は、選択肢のどちらでもないのだ。

絶対的に考察された本質（簡略を期すため〈本質自体〉と呼ぶことにしよう）は、排中律を受け入れないものだ。これはどういうことなのだろう、いやむしろ何が問題となっているのだろう。実はここにこそ、若きトマス・アクィナスがイスラーム哲学の精髄を導入・同化した結果生じた転回点が見られる。

アヴィセンナは『形而上学』第五巻の冒頭において、ここまで述べたのと同じ議論を展開しているが、その議論の最後で、簡潔に「馬性それ自体は馬性に他ならない（Equinitas in se est equinitas tantum.）」と整理している。西洋中世では、さらに簡潔に「馬性は馬性に他ならない（Equinitas est equinitas tantum.）」として流布されることになる。この〈馬性の格率〉こそ、西洋一三世紀後半の実在論の核心をなし、謎の合い言葉のように頻繁に使用されたものであった。

なぜ〈馬性の格率〉が頻繁に使用されたのか。それは、〈本質自体〉が矛盾対立する選択肢「Ａまたは〜Ａ」のいずれでもないことは、〈本質自体〉はＡと〜Ａに対して中立無記的(indifferens)であることを示すからだ。そして、中立無記性とは、〈本質自体〉はＡと〜Ａのどちらでもないが、Ａと〜Ａのどちらにもなり得ること、言い換えればＡと〜Ａの両方を潜在的に含んでいるということにつながるのである。

ここで、Ａと〜Ａという二つだけの選択肢でなく、無数の選択肢に置き換えてもよい。人間の〈本質自体〉はどの人間でもないが、どの人間にもなりうる。ということは、〈本質自体〉は、この現実世界に存在する無数の個物の原型としてあるということになる。神の知性の内にある〈本質自体〉というのが分かりにくければ、ゲノムのことを考えればよいだろう。

〈本質自体〉は、ほぼ無数の可能性を潜在的に、それぞれの可能性に対して中立無記的に含み、それらの可能性を一なるものとして含んでいるのである。このような〈本質自体〉があるとすれば、一つの種は同じ本質を有し、しかもその種に無数に多くの個体が下属することのモデルが得られる。

このような〈本質自体〉が考察されるのは、論理学の内部においてではない。これは大事なことだ。というのも、そのようなものに述語を与えることは、メタレベルの述語を除けば困難なのだ。だから、アヴィセンナは「馬性それ自体は馬性に他ならない」と述べたわけだ。

論理学の内部でなければ、形而上学の内部においてだろうか。そう捉えることは一面において正しい。ただ、〈本質自体〉が、事物の生成、いやむしろ神による創造の場面を問題にしている以上、形而上学と同時に神学にまたがる概念であると考えた方がよい。神の意志や知性を必ずしも持ち出さなくても議論を進められる以上、形而上学の問題として論じられるというのが要点となる。そうであるとすると、神による創造を何ら語っていない、アリストテレスの『形而上学』も神学書として、創造を語ったものとして読めることになる。少なくとも、アリストテレスの『形而上学』を、キリスト教であれ、イスラーム教であれ、その神学に取り込む可能性が生じてくるのだ。

神学の方はとりあえず脇に置いて、事物の生成の側面について考えよう。〈本質自体〉が事物の生成に関わると言っても、事実的生成や時間的生成を述べているのではない。プロティノスにおいて、「私とは何か」という問いが、「私はどこから来たか」というように、起源を問う方向で設定され、生成を語ることが同時に、「私」のあり方・構造を問うことになっていたことは思い返されてよい。

さて、〈本質自体〉は、イデアや遺伝子のように、原初の状態でもあるのだが、その特異性は、同時に生成のプロセスを含んでいることだ。つまり、この〈本質自体〉が、プロティノスにおける《同一性》、イスラーム哲学における「フウィーヤ」に対応することを、読み取ることは難しくない。

話はまだ続く。存在と本質の問題との関連はどうなったのだろうか。ここで三つの項を考える必要がある。存在論の三項図式といえばよいだろう。本質(essentia)—存在(esse)—存在者・〈存在〉(ens)というのがその図式である。これは、例えば、生命(vita)—生きること(vivere)—生物(vivens)に類比的であるとか、光(lux)—光ること(lucere)—光るもの(lucens)と類比的とされたりする。むしろ、本質—存在—存在者とは、それ以外の三項図式の範例的なものであり、生命は生物の、光は光るものの本質なのである。

ここで確認すべきことはいくつかあるが、第一の論点は、本質は一つの種の属するすべての個体にとって同一であり、また個体は現実化して初めて成立すると考えれば、本質の方が先立つということである。第二の論点は、本質が現実化して、個体が成立する以上、以上の三項図式は、現実化、個体化の図式でもあることだ。第三の論点は、存在とは「生きること」や「光ること」と同様に、現実化、個体化、いや現実作用なのであるということだ。

たしかに、本質と存在は、「何であるか(quid est)」という問いの答えが本質で、「存在するか(an est)」への問いの答えが存在として、語られる場合もある。そして、こういうアリストテレスの『分析論後書』の論究に従う議論においては、本質とは「……であること」、存在は「……がある」という理解でよい。しかし、存在論の三項図式で語られる場面においては、かなり異なってしまう。

ここで、存在(esse)とは現実化でもあるが故に、現実存在(existentia)と重なる場合も出てくる。こうなって初めて、存在(existentia)と本質(essentia)の問題が登場してくる。しつこいようだが、繰り返すと、存在と本質の問題は、「である存在」と「がある存在」の問題などではない。

本質は、現実に存在しないものでも、可能な存在者であれば、本質を有することができる。換言すれば、すべての本質が現実化する、個物の中で具体化されるのではない。本質が存在を有するかどうかは、神という必然的存在者を除けば、本質からだけでは決定されない。その意味で、存在は本質に含まれず、外から付加されるものだから、本質にとって偶有的なものである。

では、これがアヴィセンナの有名な「存在の偶有性」なのだろうか。もしそうだとしたら、トリヴィアルだし、しかも、神が被造物の本質に基づいて、存在するかどうかを決定したのだとすると、神の意志はかなり盲目的なものとなる。そんなバカな理論をアヴィセンナが述べるはずもない。

もちろん、存在が本質に含まれているはずもない。もしそうだとすると、神の創造に関しては絶対的必然性が支配し、神の意志や愛など機能する余地を失うし、人間の経験や歴史というものはほとんど意味を失ってしまうだろう。すべては最初の状態に書き込まれているのだから。

当然のことながら、存在は本質に含まれているのでもなく、含まれていないのでもなく、存在と本質は同じでも異なるのでもない、というのが話の発端である。曖昧なことだろうか。真理はすべて中間・中庸にあるのだから、曖昧になるのは当然であり、だからこそ、人間は無限に多様な言説を語ることができるのだ。

ただし、存在と本質がまったく同じなはずはないから、異なるものとする必要がある。すると問題は、どのように差異を設定するかということになる。

ここで、存在論の三項図式を思い出してみよう。存在とは、結果や全面的な現実化ではない。むしろ、作用だ。作用というのはどういうことなのだろう。もし本質が、すべての規定性が分節化し、展開され終わった状態であるとすると、存在は最後の仕上げ程度のものである。

しかし、本質が、実は〈本質自体〉としてあって、すべての規定性が潜在的なものにとどまり、一つのものとして融合していて、現実化の過程の中で、潜在的なものが展開されて、徐々に様々な規定性として現れてきて、しかもそのような潜在的なものの分節化が、「〈存在〉の顕現」であるとしたら、どうなるのだろう。換言すれば、〈本質自体〉の展開が〈存在〉の顕現であるとしたらどうなるのだろう。その際、本質は、〈本質自体〉の展開のプロセスを、一つの時点で固定化して、言葉の枠内に定着させたものだろう。本質とは、事象の生成のいわば切断面なのだが、〈存在〉はそのような切断面としての本質に含まれるものではない。その場合、〈存在〉は本質にとって偶有的なものとなるのである。急ぎ足でまとめれば、〈本質自体〉の展開過程における〈存在〉の自己顕現と、〈存在〉の偶有性説とは、論理的に等価なのである。

存在を幅を持ったプロセスと考えると、先立つフェイズが本質存在(esse essentiae)であり、後に来るフェイズが現実存在(esse existentiae)である。〈本質自体〉は純然たる本質存在であり、現実化した個物は純然たる現実存在である。

ここまで見てくると、存在論の三項図式とは、存在というプロセスが本来的なものとしてあって、その先立つフェイズが本質であり、後に来るフェイズが個物であるということになって、〈存在〉の顕現という事態を、三項図式に収め込んだものということが見えてくる。

話が少し入り組んだようだ。かなり煩瑣な議論になったが、ここでの整理は、中世哲学の様々な議論・テキストを乱暴に乱暴を重ねて、冒瀆的なぐらいの単純化を行った結果なのである。哲学史の解釈としては山ほど問題はあるのだが、スコラ哲学の難解な概念の森も、その基底にあるのは平明な常識、場合によっては直感のはずであり、それを取り出したいのだ。

さて、再び概念の森に入っていこう。もちろんのこと、私も概念の森の中で迷いながら散策することを好んでいるのではない。習い、性となるためか、概念の森のやぶの雑草を一本一本鑑賞するのも好きになってしまったが、概念の森を駆け抜けた方がよいに決まっている。ここでもできるだけ早足で通り抜けることにしよう。

存在と本質の問題が以上のようであるとすると、そこにはプロティノスに発する流出論の流れが強く見られることが明らかになってくる。流出論とは、私の理解によれば、一者から、他のものが段階を踏んで徐々に流れ出してくる、発出してくるといったものではない。流出や発出は、起源からの生成についての比喩的語り方であり、問題となるのは生成のメカニズムについてなのだ。流出や発出ということは、それだけでは、起源から生じてくるということ以外には、少しのことしか伝えてくれないのだ。

4 普遍から個体へ

乱暴ながら、《同一性》が、生成のプロセスを表すものであることを見たわけだが、普遍論争との関連はどうなったのだろうか。先に、アヴィセンナの「馬性云々」の格率を見たが、その一節を翻訳しておく。

馬性はそれ自体では馬性に他ならない。馬性は、それ自体では一でも多でも、事物のうちにも魂のうちにも、可能態としても現実態としても存在しておらず、（中略）単なる馬性である限りで存在しているのだ。一性は、馬性に結びつけられる属性であって、この属性によって馬性は一なるものとなるのだ。

同様に、馬性は、その属性以外にも、馬性に入り込む多くの他の属性を有している。馬性は、数多くの事物に適用される条件を伴っている場合、共通なものとなるが、指定された属性や偶有性とともに捉えられる場合には、個物となる。したがって、馬性はそれ自体では馬性に他ならないのである。

（アヴィセンナ『形而上学』第五巻）

「馬性」の中立無記性がここで示されているわけだ。「馬性」でも「人間性」でも同じことなのだが、ほぼ同じところで、アヴィセンナは次のように述べる。

もし上記の問題について、人間性である限りの人間性の《フウィーヤ》を、ある事物を一つの主語とする場合と同じように、主語に置き、矛盾対立する語のいずれかを問う仕方で、例えば「それは一か多か」というように、問いが立てられるならば、いずれとも答える必要はない。というのも、人間性は、人間性の《フウィーヤ》である限り、人間性は矛盾対立する両項のいずれでもないからである。そして、人間性の定義のうちには人間性しかないからである。

この箇所の「フウィーヤ」は、本質(essentia)と訳されてきた。訳しとばして、訳文に反映させなくとも、意味にずれはほとんどない。にもかかわらず、何度となく使われていることには意味があるのだろう。

「馬性自体」と「馬性である限りの馬性」と「馬性の《フウィーヤ》」が、同じものであることは文脈上、容易に予想がつく。前節で用いた用語を再び援用すれば、こういったものを〈本質自体〉と呼んでよいだろう。

〈本質自体〉はそれ自体で考えられる限り、中立無記的なものだ。ドゥンス・スコトゥスはそこに「潜在性」や「融合的内含」といった内容を付け加える。その場合、中立無記性は、〈存在〉の空虚さを表すのではなく、〈存在〉の豊穣さを表すものとなる。〈存在〉そのものが空虚なものと表象されるのは、近世以降のことであろう。近代に入って、「存在としての存在」は、「存在一般＝類として捉えられた〈存在〉(ens in genere)」と同一視されるようになる。そして、存在論という語は一六世紀に発明されたにしろ、存在論そのものは守旧的な神学部を除けば、大衆化した大学の教科書の中にしか登場しなくなっていく。存在論は形骸化し、〈存在〉の豊穣さを語る者はいなくなっていった。

存在の忘却があったとすれば、近世以降のことだろう。中世の存在論は、存在‐神学(Onto-Theologia)であって、〈存在〉ということで、神のことが考えられ、〈存在〉が開示される本来の場が考えられなかったと評されることも少なくない。しかし、中世において、〈存在〉が豊穣なるものであったとすれば、その豊穣さということは、〈一者〉からの流出から、個体における個体化に及ぶことを含んでいた、と言える。

話を戻すと、〈本質自体〉は、主語‐述語からなる命題という〈形〉には収まりにくいところがある。しかし、〈本質自体〉が〈形〉と不縁であることは、〈かたち〉を持たないことを意味しない。〈本質自体〉の方が〈形〉を準備するものだ。別の言い方をすれば、普遍とは、述語となることの可能性(praedicabilitas)を語るものであり、個体化の原理とは、主語となる可能性(subicibilitas)を語るものであったのだ。要するに、普遍も個体化も、主語‐述語からなる命題が成立する、可能性の条件を問うものだったのであり、命題に収まりにくいことはあまりにも当然のことなのだ。命題を使って考えているうちに、命題の可能性の条件を問うていることが忘却されていったのだろう。

さらに、〈本質自体〉は純粋なままにとどまるものではない。指定された属性や偶有性によって、一なるもの＝個物ともなる。〈本質自体〉は何ものでもないが、特定の範囲のうちにおいてだが、何ものにでもなりうるということだ。人間性という〈本質自体〉は、種でも個物でも何ものでもないが、個体化されれば、種に属するいずれの個体にもなりうるものである。

西洋中世の実在論者と目される人々が、イスラーム教という敵対する宗教に属する哲学者であるアヴィセンナを、好意的に受容したのは、〈本質自体〉の発想の中に、実在論者の求めていたモチーフが存在していたからだろう。

アヴィセンナが『形而上学』第五巻の冒頭で、三種類の普遍を持ち出し、その中で第三番目に

「複数のものに述語づけられると考えることが許容されるもの」という、普遍の定義を持ち出したとき、アリストテレスが出した普遍の定義、「複数の事物のうち、複数の事物の述語(in multis et de multis)」を、〈本質自体〉と結びつける道が与えられたのだ。〈本質自体〉は勝義の普遍ではないが、それは必ずしも重要なことではない。とにかく、それは一種の普遍なのだ。その点に関して、中世の実在論者は慎重であり、だからこそ、〈本質自体〉を、「絶対的に捉えられた本性(natura absolute considerata)」、「本質存在(esse essentiae)」、「共通本性(natura communis)」などと様々な異名をもって呼び習わしたのだろう。

数多くのギリシア・ラテン教父、アリストテレス、それ以外の典拠とされる哲学者のテキストが存在していたにもかかわらず、なぜあれほどまでにアヴィセンナの『形而上学』が参照指示され、普遍に関する所説が重視されたのだろうか。

中世の実在論者と言われる人々が、実在論ということで何を求めていたのか、ということと関連があるはずだ。一三世紀の実在論者は、一二世紀の実在論者のように、素朴に普遍が事物の中に存在するというようなことを述べたわけではなかった。だから、哲学史的には、一三世紀の実在論は「穏健な実在論」と呼ばれたりもする。しかし、「穏健」というのはどういうことか。

「穏健な実在論」もずいぶんと幅があるのだから、かなり便宜的な名称でしかないのだが、新しい中世哲学の地図はまだ完成していないから、ここではそれを使い続けることにしよう。その際、幅があるということは、理解の不足に起因するとも言えるが、逆に、ある思想からの距離を測る尺度があるということにもつながる。問題となるのは、様々な典拠(auctoritas)からの距離のことだ。

中世において、典拠と見なされたものは、代表的なものだけ挙げても、聖書、アンブロシウス、アンセルムス、アリストテレス、アウグスティヌス、アヴェロエス、アヴィセンノ、ボエティウス、キケロ、ディオニュシオス・アレオパギテース、大グレゴリウス、ヒラリウス、リン＝ヴィクトルのフーゴー、ヨハネス・ダマスケヌス、イシドルス、ペトルス・ロンバルドゥス、サン＝ヴィクトルのリカルドゥスなどがあるが、距離を測るために四つの定点を定めれば、アリストテレス、アウグスティヌス、アヴィセンナ、アヴェロエスが有力なものとなる。中世の思想空間とは、四つのAに囲まれた平面、もちろん連続的ではなく、至るところに亀裂と断崖が潜んでいる空間として表象できるだろう。四つのAからの隔たりによって、中世の哲学者の場所は定められる。四つのAのいずれをも排除せず、中央部に位置する、曖昧な広がりこそ、「穏健な実在論」と呼んでよいと思われる。

「複数のものに述語づけられると考えることが許容されるもの」という、緩やかな普遍の定義が出されることによって、普遍は、論理学の範囲のうちに、つまり論理学者の圏域にとどまらず、事象の世界にも及ぶことになる。そのとき、アリストテレスの権威、オルガノン(論理学書)のみならず、『形而上学』や『自然学』をめぐる権益は、実在論者の手中に収まる。一三世紀が一二世紀と違っていたのは、続々と翻訳されるアリストテレスの著作とその権益をめぐる闘争があったかどうかだ。

とはいえ、権力闘争としての普遍論争の側面は、まだ誰も著していない他書にゆずり、ここでは、存在論の問題として普遍論争を見よう。実在論者が求めていたのは、生成と媒介を司る普遍であった。唯名論者が主張するように、普遍は命題か、概念において存在するとすれば、普遍は生成には関わりにくい。生成と媒介といえば、どうしても神の創造の問題を顧慮するしかないし、そういった問題圏域で話が進められる。もちろん、そうなると、神の意志と知性の関係、なぜこの世に悪が存在するかという問題、神の全能の問題、三位一体の問題、父と子、聖霊の発出の問題など、そういったものをすべて関連させて整合的に語る枠組みが必要となるし、説明するにしろ、そういったものの概念巡りをするしかない。そうする余裕も能力もここではない。ただし、生成と媒介の構図は、かなり基本的な枠組みを構成していたことは事実だ。関連する問題領野を踏破しようとすることとは、傲慢の罪悪であろう。ここでは、個体化の問題にどうかかわるのか、そして、「私」ということのリアリティに何をもたらすか、見ていくことで、話を終息させていこう。

5 個体化の構図

ここまで見てきたことから示されるように、普遍の問題とは、論理学の問題というより、存在論の問題であり、しかも生成に関わる事柄なのだ。しかも、存在と本質の問題にも連動してくるものであり、どの道をたどっても、アヴィセンナの「馬性は馬性に他ならない」という格率に帰着するところを有していた。個体化の問題を探っていっても、腐れ縁とでも言うしかないのか、やはり

〈馬性の格率〉に出くわしてしまう。ここで、個体化の問題に参入することで、「私」ということのリアリティについて一瞥を加えておこう。

さて、個体(individuum)とは、「この石」や「この机」もそこに含まれ、本来必ずしも「個人」と同じものではないのだが、個体化の問題は、人間の個性・ペルソナといった問題と連動している。特にその傾向は、ドゥンス・スコトゥスの個体化論には顕著である。

ドゥンス・スコトゥスが個体化の原理として「このもの性(haecceitas)」を提出したことはよく知られたことだ。スコトゥスが属していたフランチェスコ会の源流には、近代的個人の先駆けともなるフランチェスコが聳え立っていたし、スコトゥスの「このもの性」そのものが、個人に備わる特有なものとして、個体化の原理を考えた結果、得られたものだ。そこに大きな変化があったことは確かだし、しかも、スコトゥスが無批判的に受容したということではなく、アヴィセンナを批判的に継受していたことは、繰り返しになるけれども、重要な論点だ。〈存在〉の一義性をめぐる問題、存在と本質の問題において、見てきた以上のことは、個体化の問題に含まれていないのかもしれない。もちろん、問題が異なれば、語る枠組みも異なってくるが、他の問題圏と通底しているのは、同じ論点の繰り返しというより、或る大きな思想の枠組みが控えていて、その結果として、〈存在〉の問題から個体の問題に至る問題の系列を、一つの系列に取り込んでいるのだろう。そして、ここではそれを、〈存在〉の自己限定という発想に見たいということだ。

さて、個体化の原理の大枠はそれ自体では複雑なものではない。「人間」という種が、「動物」という類を「理性的」という種差が限定することによって定義されるように、「ソクラテス」という個体が、「人間」という種を「このもの性」という個体化の原理によって限定することで与えられるという構図である。図式化すれば、種＝類＋種差(種的差異)、個体＝種＋個体化の原理となる。

中世哲学では、個体化の原理がいったい何なのかについて様々な議論があった。「いま・ここ」という時空規定、唯一性、実存、質料、量的規定など。全部は触れないとしても、主立ったものは以下のような内容を持っている。

(1)「今・ここ」という時空規定――トマス・アクィナスの考えは、質料的実体、要するに被造物は、時間・空間において規定された資料(「指定された質料(materia desiganata)」)によって個体化されるとするものである。

(2) 唯一性――これはガンのヘンリクスが述べた「二重否定」を分かりやすく言い換えたものだ。ちなみに、「二重」というのは、〈内側〉においては一なるものにとどまり、〈外側〉では、他者から区別される、ということである。「かけがえのなさ」と言い換えることもできる。

他の理論もあるが、ここでは立ち入らずに、話を進めることにして、「唯一性」、「かけがえのなさ」ということは、個体性の原理として有力にも見える。しかしそれだけでは、否定的なものであって、しかも誰にでも共通し、初めから存在しているものだ。もし「個体化」ということが、論理的な問題ではなく、一人一人の人間が自分の個体性を発見し、それを獲得することで、「自分」を作り上げていくものだとすれば、個体化の原理は、各人においてそれぞれ異なり、積極的な規定を有し、生成の過程・プロセスを有するものでなければならない。

もし個体化が、概念が付加されて成立するものであれば、一人一人の人間の個性や個体化の問題とはあまり関係がなくなってくる。一匹の親から幾千と生まれてくる鮭の卵、孵化した稚魚たちは、それぞれ個体であり、もし個体化が概念的なものであれば、卵の時から個体化を完了していると言える。それどころか、浜辺の砂粒一つ一つが、波に濯われ砕けていく前には、個体性を有していると言える。

しかも、ここで依拠しようとしているドゥンス・スコトゥスは、彼の個体化論の到達地点である『形而上学問題集』において、「石の本性はそれ自体で個体なのか、それともある外的なものによって個体であるのか」という問題を論じ、そのなかで「このもの性(haecitas, haecceitas)」という語を用いている。すると、中世における個体化の問題とは、木村敏が精神分裂病を「個別化の原理の障害」として論じたこととなんら重なるところを持たなくなってしまう。

たぶん、そういう風に考えるのが理に適っているのだが、私は深読みをしたくなってしまう。スコラ哲学のスタイル・文体に韜晦を感じるからだ。スコラ哲学とは、概念の分析や詮索によって、枝分かれの多く、行く先も分からぬ、暗いモグラ道を進んでいくことではない。概念を使いこなせる者とは、鑿の一振りが出来上がりの姿にとって何を意味するのか、瞬時に分かる仏師に似ている。もちろん、概念も鑿も訳も分からず振り回す人はいつの時代も少なくないが。正しいスコラ学者は煩瑣な概念の微妙な操作が直下の生にどう関連するか、知っていたはずだ。スコラ哲学にはリリシズムがあふれているのだ。

実際、スコトゥスの個体化の議論は、「石」などの例を使いながら、ペルソナ・人格を論じる枠組みと重なるところが多い。そして、新プラトン主義の伝統の中では、「私とは何か」を問うことと、存在論、宇宙創造論、霊魂論が重なっていたことを思い出してもよい。

話を先に進めよう。個体化は共通本性に新しい概念規定を加えないということ、にもかかわらず個体化はそこに生じている。そこに見られる錯綜をスコトゥスは「内在的様態(modus intrinsecus)」という概念で表現する。度(gradus)といっても、強度・内包量・濃度と言ってもよい。たとえば、「赤」を例に取れば、濃いものも薄いものもある。特定の赤色には必ず特定の濃さが備わっていて、その結果、特定の「赤」としてある。しかし、この濃度、つまり「赤さ」というのは、「赤」に何を付け加えているのだろう。

スコトゥスは、個体化とは濃度・「赤さ」のようなものだと考える。概念規定の領野に最終的な概念規定が加わって、個体が析出してくるというのではなく、そのような最終的な概念規定は存在しないことを述べたのがスコトゥスの「このもの性」ということだ。

アヴィセンナがその『形而上学』第三巻と第七巻でこの問題(=一は存在とは異なるものか)について述べていたことは次のように解明される。つまり、概念規定において自体的に理解されるところを越えたものは何であれ、偶有性である、というようにである。これは『形而上学』

第五巻の「馬性は馬性に他ならず、普遍でも、特殊でもない云々」と言われていることと同じである。このことは、つまり、普遍とか特殊のいずれも概念規定の理解には含まれておらず、いわば予め自然的な仕方で概念規定を前提しているということである。しかし、このことは、普遍とか特殊といったものを本来の意味での偶有性とするものではなく、むしろ融合的に内含されたもの(unitive contenta)とすることである。

（ドゥンス・スコトゥス『形而上学問題集』第四巻）

スコトゥスは、〈存在〉の一義性を見たときにすでに示されていたように、アヴィセンナからの影響を強く受けていた。その影響は、個体化の問題にも強く見られ、その結果、「このもの性」という概念に行き着いたという傾向が強い。もしかすると、「このもの性」とは、〈存在〉の自己顕現の終極なのかもしれない。ともかくも、上記の一節で、スコトゥスがアヴィセンナの〈馬性の格率〉を大事に受容し、それを「個体化論」の鍵として立てられた「融合的内含」と結びつけて語っていることは、〈存在〉の一義性と〈このもの性〉が多分にアヴィセンナを介して結びついていることを暗示していると思われる。

融合的内含、内在的様態、形而上学的濃度、〈存在〉の様態といったことは、ほとんど同じ事態を指していて、おそらく、著作の執筆年代やスコトゥスの執筆環境によって、用語の差異が現れていると考えてよいようだ。ともかくも、そういった概念群の内実を知ることが要点である。

さて、話を戻そう。個体の内にある概念規定は、すべて種にある概念規定に含まれているとされるが、〈このもの性〉はもちろん種の概念規定の内部にあるわけではない。〈このもの性〉は、むしろ、概念規定に付け加わる様態(passio)であると、スコトゥスは述べる。その際のスコトゥスの力点の一つは、〈このもの性〉は偶有性ではなく様態であると解する点にある。

話は込み入ってくるが、重要な論点なので、少しこだわろう。様態は、身近な例でいえば、「水」の様態とは「氷」、「雪」、「湯気」、「お湯」などである。それらはすべて「水」でなくなったわけではなく、「水」の様々な現れ方であり、化学的には「水」に何かが付け加わって生じたものではない。「塩水」や「砂糖水」の場合、化学的には異なる「塩」や「砂糖」という物質が加えられて、言い換えれば「偶有性」として付加されたものである。

「氷」は、一般的なものとしての「水」が限定・規定されて成立しているわけだから、内容においては、「砂糖水∨水」という場合と同様に「氷∨水」といえる。つまり、「氷」の内容は、「水」を越えているから、何かが「水」に付け加わって、「氷」が生じたといえるのであり、その意味で、何ものかが偶有的に付け加わったということはできる。もちろん、付け加わったのは「温度変化」だが、ここではスコラ的に「氷性」としておこう。「砂糖」は狭義の偶有性であり、「氷性」は広義の偶有性である。この広義の偶有性というのがクセモノである。というのも、アヴィセンナが「〈存在〉は本質にとって偶有性である」と述べたとき、アヴィセンナも広義の偶有性のことを考えていたらしいからだ。

ここで、〈このもの性〉が様態であるというのは奇妙だという反論が生じてくる。「人間」という共通本性に、〈このもの性〉という個体化の原理が付加されて、ソクラテスなどの「個体」が成立しているとすると、〈このもの性〉は様態ではなくて、様態を生み出すものではないか、という反論である。この反論にどう答えればよいのだろうか。

「様態」という用語にスコトゥスが拘るのは、「偶有性」との対比を考えているからである。ある事物の本来的概念規定に含まれないものは、広義の「偶有性」であるが、必ずしも外部から添加されるものとは限らない。スコトゥスは、「個体化するものはいかなるものであれ、偶有性である。しかし、本来の意味での偶有性ではない」と述べる。潜在的に含まれていたものが顕在化する状態は、狭義の「偶有性」ではない。個体化の理由は、外的なものに求められるのではない。

しかも、その「外的」なものが、実在的に異なるもの(他の事物)のみならず、概念規定の外部にあるもの(質料・現実存在・量・質)でもない。しかも、概念規定の内部にあるのでもない。つまり、外部にあるのでも内部にあるのでもないものが問われていることになる。この対立する両項がある場合、スコトゥスが中間のあり方として考えるのが、〈共通本性〉である。〈共通本性〉は〈本質自体〉の対応物である以上、概念規定の内部にあるのか外部にあるのかという問題設定は用をなさないと言ってもよい。

〈共通本性〉は、〈共通本性〉と異なったある積極的なものによって個体化される。しかし、この積極的なもの、〈このもの性〉は、本性に個別性のみを付加するように見えるが、〈共通本性〉においては、諸完全性が融合して、換言すれば融合的内含(continentia unitiva)によって一なるものが形成されている。その場合、〈共通本性〉と〈このもの性〉は、本性の度(gradus naturae)と個体化する度(gradus individuans)というように、異なる内包量として捉えられる。〈このもの性〉は「外から」個体化するのではない。〈存在〉も〈このもの性〉も、本質にとっては一種の偶有性だが、いずれも「外から」与えられる、というような偶有性ではない。というのも、〈存在〉の内には、総てのものが潜在的に含まれる、ないし融合的に内含されているからだ。

かなり長い引用であるが、〈共通本性〉と〈このもの性〉の関係を述べたテキストを挙げておく。

> 〈勝義の普遍〉は、複数の事物の内にあり、かつ複数の事物の述語ともなっているもので、しかも、現実的にではなく、近接的可能性においてそのようにあるものと考えねばならない。その際、〈勝義の普遍〉がそのようなものとしてあるのは、知性が考察することによってである。ところが、可能性において——この可能性は論理的可能性のことで、自然的可能性のことではないが——複数の事物において一であることの意味は、それが複数の事物の内にあることが矛盾を含まないことであり、そして、この意味で、〈勝義の普遍〉は、客観的に(in rerum natura)〈共通普遍者〉としてあることができる。というのも、「ソクラテス」に関して考えると、「動物」は「人間」に先立つし、また「人間」は「この人間」に先立つのは、知性の考察によるばかりでなく、融合的に内含された諸完全性を自然的秩序に即して考察する場合でもそうなって

いる。（中略）「人間」に関して、個体性の濃度(gradus)に自然的に先立つ、その固有の濃度に即して考えた場合、「人間」が複数の事物の内にあることは矛盾を含むことではない〔その意味で「人間」は〈勝義の普遍〉なのである〕。というのも、「人間」そのものの内に矛盾を来すものは見出されないからである。したがって、このような仕方で〈共通普遍者〉は、客観的に(in natura)存在していると言える（中略）。とはいえ、他の融合的に内含された規定においては実在的な分離が見出されることはない、いやそれどころか可能でもないのだが、それと同様に、本性は、より正確に述べれば、普遍としての〈種〉は、事物の内にあり、〈共通普遍者〉である――〈共通普遍者〉が事物の内にあることが可能である場合――と言われるが、そういう「種」の概念(intentio speciei)に対して、知性が対応させている本性は、その本性とともに融合的に内含されている諸完全性からも、または個体的差異〔＝〈このもの性〉〕の基盤となる濃度からも、決して切り離されることはないのである。また、客観的にあるものはすべて、特定の濃度をともなっている以上、その濃度から切り離されることはないのである。本性とともに措定される濃度は、本性と融合して内含されたものだからである。

（『形而上学問題集』第七巻）

融合的内含とは、どういうことか。スコトゥス自身が挙げる例では、「白いということ、色、目に見えること」などといったものが、一つのものに含まれていることであるが、円の定義から円のすべての性質が導出されること、したがって円のすべての性質が円の定義に含まれていることを考えればよいだろう。スコトゥスは、この「融合的内含」という事態が、精神のうちの知性と意志にもあてはまると考えている。この二つのものは精神の本質に由来するものだが、二つのものに分けられるようなものではなく、働きにおいては異なるが、同じ一つのものとしてまとまっていると述べる。その際、本質(essentia)とは、固定的なものというより、力(virtus)であるとスコトゥスは述べている。多少ずれるところもあるが、身近な例でいえば、「種子」を考えればよい。その種子から、花・茎・葉・根などが分化してくるが、種子においては未分化のまま一つのものとしてとどまっている。その際の個体化の原理は、発芽温度、水分、栄養、日光といった外的なものではなく、各時点の成長段階における植物の姿を発展させる力・ベクトルのようなものだ。

スコトゥスは、決定的テキストにおいて、次のように述べる。

> 個体は、上位のものの概念規定を総て含み、それに加えて、個体化の問題から示されるように、最終的現実性の濃度(gradus ultimae actualitatis)、一性の度をも含んでいる。個体化は、一性を低減するのではなく、存在性、一性、可知性を増やすものである。また、個体は、以上に述べた濃度(gradus)以外には、普遍が含んでいないものは何ら含んでいない。
>
> (『形而上学問題集』第七巻)

個体が、普遍の含むもの以外に有しているのは、「度」だけなのだ。この「度」を、強度(intensity)と言い換えてもよい。ということは、〈このもの性〉は度・強度・濃度のことなのだ。

このことは、スコトゥスがよく用いる例だが、「白いもの」において、「白さ」が度・強度であるのと類比的である。もしここで、度・強度がなぜ個体化を成立させうるのか、「ソクラテス性」というようなものと背馳するのではないか、という疑問が出されるとすれば、思惟の方向が顛倒していると言わざるをえない。というのも、個体化は〈このもの性〉のみが成立させるのではなく、〈共通本性〉の内実に個体化の源泉は潜在していたから成立するのである。〈このもの性〉とは、単独で取り出せるものではなく、語られる基体を成立させる条件となるものだ。

個体的差異とは、述語可能性(ratio praedicabilis)において或るものを構成する原理ではなくて、たんに主語可能的な(subicibilis)ものであり、しかも最大の主語可能性(maxima subicibilitas)においてそのようなものである。主語は述語に対して質料であるのだから、個体的差異は〈質料的差異〉(materialis differentia)ということもできる。

(『形而上学問題集』第七巻)

〈このもの性〉ということで、「私」をして「私」たらしめていること＝「私性」ということを考えれば、「私性」とは、「私」の内にある、「私」に固有で、世界で唯一の存在者たらしめる、特殊で個別的な性質・規定ではなくて、「私は……である」ということを語りうる条件を形成するものだ。個体とは、主語になるが述語にならないもの、という定義があるが、「最大の主語可能性」とは、「何であるか」が語られ、帰属されるもの、換言すれば、「何であるか」を受容するものではなく、「何であるか」をそもそも語りうる可能性の条件を表現したものである。したがって、〈このもの性〉は何ものでもない、述語を受け入れないと言ってもよい。ちょうど、「私」はそれ自体では何ものでもないのと同じように。「私」とは、何ものでもなく、何ものかになりうる、可能性の条件なのである。

　このような見解は、流出論的構図を継承しているし、最終的実在性、最終的抽象のあり方、つまり、最終的抽象が、無規定性ではなく、充実性であることを示している。スコトゥスの〈このもの性〉は、あくまで普遍を個別化する序列の中で、個体化の原理が問われた場合に、見出される概念である。その場合、普遍的なものが先にあって、それが限定されるという言説の秩序をとる。しかし、同時に彼の立場は、個体主義である。少なくとも、神の場合では、神の個体本質を先なるものとしている。その場合、異なった秩序の言説が求められる。

　同様のことは、被造物の個体化にも言えるのではないか。スコトゥスの個体論は、個体を先なるものとして、充実した規定性を備えながらも、未展開のままにとどまる個体性を先なるものとして、その未展開のものが展開されて——もちろん、彼の様相理論が示すように、可能なものがすべて現実化するのではないが——、述語となっていく系列を前提すれば、理解しやすいように思われる。言説の秩序においては、普遍を先立てながら、存在の秩序においては、個体を先立てた場合に、

〈このもの性〉といった概念が生じると思われる。

例えば、「ソクラテス」の〈このもの性〉は、「ソクラテスである限りのソクラテス」と示されるだろうが、この「である限りの(inquantum)」という重化子によって表現されるものが、ソクラテスという個体から、他の個体と共通するものを除外した抽象態なのではなくて、純化することで取り出されたものである。これは、通常の述語を受け入れるものではなく、端的に単純であって、「馬性は馬性である」といった、特殊な述語付け(「同一性による述語付け」)を受け取るものでしかない。通常の述語を付した場合には、「Aは一でも多でもなく、精神の外にも内にもなく、可能態でも現実態でもない」というように、ほとんどの述語を拒絶してしまう。すると、それは、いかなるものでもなく、したがって「無性」とでもいうべきしかないもの、無規定性であるということにもなりそうだが、そうではない。むしろ、規定性において充満したものであり、しかしにもかかわらず端的に単純なものである。

このような事態は、スコトゥスがしばしば用いる「無限なる実体の海」という神の個体本質に範型を見出すことができるが、内包的に無限なる実体にのみ妥当することではない。例えば、数列の項を3, 13, 43, 133, 403, 1213, ……と具体的に列挙した場合、そこには「形相的述語」による記述と同様なものが見出され、「最終的抽象」による記述は、上記の数列に関しては、$a_1=3$, $a_{n+1}=3a_n+4$という漸化式に対応する。漸化式は、ほぼ「端的に単純」であり、総ての項を内含しながら、どの項をも述語としているわけではない。

この漸化式は潜在的に諸項を含む限りで〈共通本性〉に対応するものである。しかし同時に、この漸化式は、〈このもの性〉にも対応する。つまり、全体を同時に(simul et totum)含む限りにおいて、換言すれば、多を一に(unum in multis)含む限りにおいて対応する。このように考えた場合、個体の概念規定はすべて種の概念規定であること、にもかかわらず〈このもの性〉は種の概念規定を越えていること、〈このもの性〉が最終的抽象態であって、端的に単純であることなどの規定を何ら神秘的なものとしてではなく、受け取ることができる。要するに、スコトゥスの〈このもの性〉は、ちょうど闇から光が登場してくるように、そして闇が光の充満であるように、未展開のもの(implicatum)が展開されたもの(explicatum)への系列の始源にあるあり方である。卑俗な例でいえば、照明を浴びる前の舞台のようなものだ。舞台の上でしか話は進まない。

スコラ的議論はここまでにしよう。スコラ哲学という重武装に身を固めていると、鎧を着ながらの水泳と同じでどこまでも沈んでしまうのだ。〈このもの性〉が、定義に書き表せるようなものではないことは、定義によって表されるのが普遍である以上、当然のことなのだが、濃度であるということは、クリスマスプレゼントのように、既製品の個体性が「外から」与えられるということではない。にもかかわらず、新たなものが付け加わるとすれば、「内から」付け加わるしかない。スコトゥス自身、肉体を持った人間はこの世で〈このもの性〉を認識できないと明言している。認識するとはどういうことか、急に分からなくなってしまうが、別に認識できなくとも困ることはないだろう。〈このもの性〉が個体の中でどのような契機となっているかを知ることと、それぞれの個体において、〈このもの性〉が何であるかを認識することは別なのだから。

自分の為したことが、自分を越えたところに立ちはだかり、あたかも自分の外側から自分を支配し、その挙げ句自分をも変えてしまうが、実際のところ、自分で直接自分を変えることが困難なために、自分を外側に押し出し、目に見えるものに変化させた上で、その外に現れる自分、目に見えるものとなった自分、客体のようになった自分に、自らを変えることで自分が変わっていくのかもしれない。

「私」は、対象や他者に向かった自己の前方からやってくるものであるより、背後からやってくるように感じる。自己の深層への沈殿と、自己の内部からの湧出ということが重なって生じているようにも感じる。なぜこのようなことが生じるのか。神が精神の外側に存在するものではないように、自己も精神の内側に存在するものではないからなのか。

「私」とは、「外から」与えられるものではなく、「内から」得られるものでしかないのに、あたかも「外から」与えられ、それを獲得するような、枠組みの中で、得られるものなのだろう。内部と外部の反転可能性のなかでしか、「私」とは得られないものなのだろう。

〈このもの性〉の議論を発展させれば、個体化とは、個体性を己有化(apporipriatio)することだが、己有化するためには、源泉が内側にあっても、外側から獲得したと当人に映じるような枠組みが必要だ。その意味では、個体性は内側にもなければ、外側にもなく、内部と外部の反転の中でしか、姿を現さないということだ。

リアリティが内側にも外側にもないということは、端的にないということではない。もちろん、こういった反転可能性にしろ、内在的超越にしろ、それが可能性にとどまる限り、「私」は姿を現さない。それを広い意味での「身体」に定着させ、ハビトゥスとして内在化するしかない。

私が言いたいのは、「私」とはハビトゥスであるということだ。そして、それが成立するのは、それを実現する技法をハビトゥスとして身につけたときだ。対象も手段もハビトゥスであり、その意味では二重のハビトゥスになりそうだが、一重のハビトゥスとなる。とりあえず私が言いたいのは以上のことだ。

第7章　「私」というハビトゥス

「私」ということのリアリティのなさ、この出発点に戻ろう。「透明な存在であり続けるボク」という言葉や「存在感なし」「存在感欲しい」という言葉を残した少年達が、他者や世界の暴力的な破壊、何も得ることなく、結局自己破壊に帰着するしかない暴力的破壊に及びながら、背後にリアリティの欠落を抱えていたことは、偶々のことにすぎないのだろうか。もしかすると、リアリティの欠落に駆り立てられて、天使が墜落する刹那に味わう、激しく、熱い時間を求めたためだったのではないか。もちろん、このことはいかようにも解釈できる。しかし、薄い空気の中でリアリティをあえぐように求める人々が多くなったことは確かなことだろう。

透明であること、純粋であることは、清浄な水の姿でもあるためか、無垢・イノセントの象徴として捉えられてきた。もし純粋なままに生まれ、純粋に生き、死の穢れを帯びぬまま純粋に死ぬことが、人間の理想であるとすると、人間とはこの世に存在しない方がよかったのかもしれない。

近代以降、死体や汚物が人目から遠ざけられるようになり、しかもタブーの領域は幾重にも及ぶ外装によって覆われるようになってしまった。文明化・近代化とはそういうものなのだろう。そして、思惟の主体としての近代的意識概念は、そういった時代を背景にして生まれてきた。確かに、日本にせよ西洋にしろ、一七世紀に始まる近世的思想空間が、純粋主義・天使主義に陥っていたかとなると、そう簡単に決めつけられることではないが、近世以降に強まっていく脱呪術化の過程は、儀式における口頭での祈りや、祈りにおける身振り、偶像崇拝、呪術・魔術など、「非科学的」「非合理的」思考を除去してきたことは確かだろう。

そういった流れと、身体を持たない、純粋な意識形態としての超越論的統覚に至る流れは、私には無関係には思われない。その延長線上に、現代に瀰漫するリアリティの空白があるのか、よく分からないが、少なくとも作業仮説として考える者がいてもかまわないだろう。その際、近世が中世という歴史空間を捏造し、仮想的な負の空間を背景にして己の姿を浮かび上がらせたように、「近代」という負の空間を作り上げ、その裏返しとしてのポストモダンを僭称することは、あまり好ましい方法とは思えない。先行する時代と後続する時代との間には、非連続性より連続性の方が多く見出されるのが常だからだ。連続性を閑却して、後の時代が直前の時代を批判するのは、「遅れてきた者」の優位さに安住した、ドミノ式時代批判になりかねない。もしかすると、人間の生死もまた、ドミノ式に後から来る者に倒されることの連鎖としてある以上、そういう無責任な批判の方が正統なのかもしれないが、私としては、時代を順繰りに追っていった挙げ句、問題の姿を徐々に見失うことを避けるために、近代を飛び越して中世に向かったのだ。中世を鏡として、現代を顧みることは、進歩や発展という尺度がかえって適用しにくいために、現代の欠落を示す縁となるかもしれないのだ。
さて話を戻そう。リアリティの空白は現代に限ったことではない、と突き放す見方も可能だ。二〇世紀の後半、特に最後の四半世紀に瀰漫していた空気は、けっして濃いものではなかったし、様々な表現行為(小説も歌も絵画も思想もマンガも含めて)にも、ヤケクソになって軽躁的にハシャぐ風潮を除けば、概して、意味やリアリティの欠落を表現したものが目立ったと思われる。時として現れた、激しい表現は、グノーシス的な世界拒絶に発するものであったとも言えるだろう。激しい表現でさえ、背後に欠落を抱えていたのだ。私は、その欠落に対して「大人」の立場に立って、説教・訓導・指導などをしようとは思わない。私もまたリアリティの欠如のなかに住んできたのだから。

リアリティの欠如を曲がりなりにも埋め合わせ、リアリティをどう捉えるべきか教えてくれたのは、皮肉なことに、リアリティからもアクチュアリティからも一番遠く、最も抽象的で、無味乾燥に見える、西洋中世のスコラ哲学だった。私はスコラ哲学に一目惚れしたのだ。とはいえ、私は中世のスコラ哲学は確かに好きだが、今では無条件で礼賛しようというつもりはない。一目惚れの時期を過ぎれば、冷たく突き飛ばされることも少なくない。スコラ哲学のテキストは、言葉と概念の洪水なのに、そして、論証の形式に則った明確な形式に収まりながら、最後まで語りきらず、途中で終わったように感じることも少なくない。冗長を慎む美徳ということもあるだろう。一面において寡黙でありながら、言葉の量の面では、辟易するばかりの言葉と概念の過剰な様を見ると、彼らは、言葉では届かないことに心を向けながら、届かないことを知っていたから言葉の上に言葉を重ねていたのか、それとも、何も気づかないまま語り続けたのかと考えずにはいられない。言葉では届かないとすると、ここでもまた、つい天使の言葉に憧れが起きてしまう。

しかし、多弁と寡黙が両立するのはどういうことか。具体的な人間は、無益に一方に偏してしまうが、もしかすると対立していないのかもしれない。祈るとき、一心不乱に聖典を誦するとき、それは多弁と呼べるのだろうか。祈りの言葉は、発信者と受信者、伝達内容と伝達媒体でコミュニケーションを考える枠組みを越えているはずだ。そこから浮かび上がってきたのが、コミュニカビリティという概念だった。

このような概念を持ち出すのは、最初にあった渾然たるもの・不分明なものが〈形〉を受け取って姿を現す過程に、リアリティがあって、そのリアリティを語るためには、〈形〉に先立つ〈かたち〉の領野を語るしかない、と思われたからだ。〈かたち〉とは、〈形〉を持たないが、〈形〉を潜在的に含むものだ。もしそうでなければ、〈形〉として現れることは、単なる偶然となろう。〈形〉に先行するものが、非物体的な概念であって、その概念に、具体的な〈形〉への適用可能性が備わっていなければ、特定の〈形〉が現実にあることの理由は見失われる。事物の〈形〉であれ、人間の〈形〉であれ、思想の〈形〉であれ、表すもの・ことが同じであれば、その〈形〉はどれも同じだということにはならない。〈形〉にはそれぞれ個体性が備わっており、その個体性を単なる偶然とするのでは、芸術も思想も愛情も成立しないだろう。

〈形〉にも様々ある。「私ということ」のリアリティに関わりのある〈形〉は、現在人にとっては、欲望であったり、自己の身体へのイメージではないのか。欲望の〈形〉の根底にハビトゥスがあり、肉体の〈形〉のイメージとしての〈身体イメージ〉の根底に〈身体図式〉があり、結局、この〈身体図式〉もまた、ハビトゥスに至るのではないか。

そういった欲望、肉体、聖霊、コミュニケーションという、具体的な問題から、なぜ〈存在〉という最も抽象的なものに飛び移らなければならないのか、訝る人も少なくないだろう。〈存在〉とは最も豊穣なものだ、〈存在〉とは抽象的ではなく、最も身近な事柄だと述べても、すべての人がそう感じられるわけではないだろう。近世以降、存在論や形而上学が形骸化してゆく様を見ていると、〈存在〉の豊穣性が中世から近世を介して現代にまで伝わったなどとは、なかなか考えにくい。〈存在〉の豊穣さを受け入れないと、具体的な問題から抽象的な問題への移りゆきは理解できないということだろうか。

私としては、そういった飛躍を強要するつもりはない。(1)限定されるもの＝被限定項(determinabile)、(2)限定するもの＝限定項(determinans)、(3)限定態(determinatum)という、存在論の三項図式に基づいて考える場合、共通の枠組みが背後に控えていることが見えてくるのだ。限定項とは作用であり、限定態は作用の対象でもあるから、限定項から限定態に向かう作用だけに、考えが向けられがちだが、限定項の作用は被限定項と限定態の両者にむかうものだ。

近代的思考では、思惟主体(res cogitans)―思惟作用(cogitatio)―思惟対象(cogitatum)という枠組みが強く見られる。近世的主体主義というものだ。そして、そこでは思惟の主体としての「私」が原点に置かれた。感覚や肉体への顧慮が欠けていたわけではないのに、上記の基本的枠組みの中には収まりにくい。ところが、中世的思考では別の枠組みが支配的だったのだ。そこには、肉体にしても感覚にしても、被限定項―限定項―限定態のいずれの項にも入り込む余地がある。「存在論の三項図式」は、原点・始点を特定の領域に限定しているわけではないからだ。

この「三項図式」を〈存在〉において考えれば、本質(essentia)―存在(esse)・存在作用(actus essendi)―存在者(ens)という枠組みが得られる。そこでは、〈本質自体〉といった未規定的な次元が持ち出され、その次元をめぐって、〈本質存在〉、〈共通本性〉、〈絶対的に捉えられた本性〉といった諸概念が考案されたという経緯を垣間見た。

最初に、現実化はしていないが、規定性を備えた次元として本質があるというのではなく、未規定的なものが自己限定すると語るしかない事態がそこには見られる。実はこのことが、コミュニケーションの領域でも成立し、伝達されうるもの(communicabile)―伝達作用(communicans, communicatio)―伝達結果(communicatum)という図式を考え、「伝達されうるもの」を、〈本質自体〉と同じように、自己限定の始源にある状態として考えた場合に、「コミュニカビリティ」が得られるのである。欲望の場合であれば、触れはしなかったがラカンの「欲動(pulsion)」といったものを考えても同じことだ。

始源にあるものは、それ自体で取り出せば、いかなる述語であれ、Aでもなく〜Aでもないと語るしかないが、そういうものも、現実性に至り、具体的なものとなる。その現実性は、必ず何らかの〈形〉をとることで実現する。私は、その〈かたち〉が〈形〉に転じる場面が、存在と本質の問題においても、個体化の問題においても、扱われていたと思う。

「形」になる前の「かたち」ということ、現実性の前にあるというより、現実性を準備し、生み出すものとしての「可能性」ということが問題なのだ。「可能性」とは、確かに、未だ現実化していないことであり、したがって現実性の相において捉えれば、たかだか「……でないこと」になってしまう。現実化していないことが、リアルでないとすれば、世界とは陰影を持たない、平板な、分かりやすい空間であろう。しかし、現実化とは、「彼は生きていない」事態から「彼は生きている」事態への瞬時の変化でも、或る時点において「彼は生きている」という命題の真理値が偽から真へと変化するということでもないだろう。当然のことながら、事態の方は徐々に進展し、それを言葉で切り取った場合に「である／でない」という対立が現れるということなのだろう。

すると、可能性とは現実化したとたん、消滅するものではなく、現実化の働きの中でもとどまるものだ。言い換えれば、現実性は必ず幾ばくかの可能性を含んでいるし、可能性も、現実化し得ないものを除けば、必ず幾ばくかの現実性を含んでいるということになる。可能性は、現実性を準備し、しかも同時に支えていると述べてもよい。ライプニッツは「すべての可能性は現実存在を要求する(Omne possibile exigit existentiam.)」と定式化したが、今述べたことと近いだろう。

可能性が現実化への志向性であり、現実性が可能性を含んでいるとしたら、可能性が未来に投影された場合、それは目的・テロスとして映じることになる。目的論的記述には危ういところもあるが、現実に成立していることを記述さえすればよいというのでなければ、そういった記述も必要だろう。

とは言っても、若者が考えがちな「人間は死ぬために生きる」という、言葉の上での誤りを追認したいのではない。「お湯を沸かす」とか「ご飯を炊く」の代わりに「水を沸かす」と「米を炊く」という方が論理的だと考える人間に文句が言いたいのだ。

目的・テロスは、観察し、記述する能力を持った存在者がいるという条件が満たされている場合には、可能性にとどまりながらも、現実性に含まれているばかりでなく、現実性の表現の中に登場する。その場合には、最後に現れるものが、最初にあたかも原因であるかのごとく、いやたぶん実際に原因として存在する。

私には、目的論と欲望、最普遍者としての〈存在〉と個体、言葉と肉体といった問題が、からまった糸のように、一つのかたまりとなって与えられることが多いと思われる。当然のことながら、混乱した思索にならざるを得ない。

とりわけ、〈存在〉への関心と、個体性への関心が同時に現れるとき、対応は簡単なことではない。だが、ドゥンス・スコトゥスが、〈存在〉の一義性と、〈このもの性〉に見られる個体性の重視を提唱しているのを見ると、手がかりがあるように思われたのである。やはりスコトゥスに見られる主意主義と実在論も、一つのシステムを形成しているとすれば、からまり合った思索も解きほぐせるかもしれないと感じたのである。その際、〈存在〉の豊穣性を思わずにはいられなかった。〈存在〉にエロティシズムがあるのは案外当然のことだろう。性的事象が扱われたのは、日本の民間信仰のせいばかりでなく、媒介のメカニズムに見出される。生物学的性に無縁でありながら、その性を依代として現れでるしかない「性＝本性(natura)」のことが語りたかったのである。

この本の要点を取り出せば、意を尽くしていないが、だいたいこういうことになるだろう。こういう存在論や形而上学のモデルを通して、リアリティの問題に踏み入った場合、リアリティは、被限定項—限定項—限定態という三項図式においては、限定項に現象するものであると考えている。

結局のところ、私は「私」とはハビトゥスであるということが表現したかったのだろう。「それをいっちゃあ、おしめいよ」で、事実を言っても仕方ない、いや言説の流通過程に流すべきではないのかもしれないが、「私」とは、肉体でも脳でも精神でも無意識でも関係でも幻でもないとすれば、少しは意味があるかもしれぬ。「私」は必ず具体的な姿で、形を持って存在するしかない。子どもでも大人でも、女でも男でもない、健康でも病気でもない「私」というのは、現実には存在しない。「今・ここ」にいる「私」以外に、「私」は存在するはずもない。

にもかかわらず、「今・ここ」に与えられているものがリアリティでありアクチュアリティであるということに満足できず、「なぜ今・ここにいるのか(Dic cur hic ?)」と問いたくなるというのはどういうことか。手術台の上での朧気な意識の中でも、無機的な分娩室で陣痛と呱々の声に立ち会うときでも、死にゆく肉親のそばにいるときでもよい。なぜ「なぜ？」ということを問うてしまうのだろう。

おそらく、「なぜ?」ということへの答えは、問いの向こう側にあるのではなく、問いの手前にあるのだろう。ちょうど、「私とは何か?」という問いの答えが、問いの手前にあるように。そして、手前にあるものが〈ハビトゥス〉であって、問いの可能性の条件を構成しているのだ。〈存在〉は〈存在〉において〈存在〉に至るという、多くの人には愚かしい命題にしか見えないテーゼによって、私はそういうことが確認したかったのだろう。なぜ、こんな風に考える〈ハビトゥス〉を身につけてしまったのだろう。ここまで来ても、こういう困ったことを考えてしまうのだから、我ながら、私とはなかなか手に負えない〈存在〉である。

やっぱり、私は天使主義なのだろうか?

参考文献

＊邦語文献に限定し、また参照した文献のうち主要なものにとどめた。〔　頁〕は本書における登場頁。また訳文については一部改変したところもある。

全体に関して

上智大学中世思想研究所編訳、中世思想原典集成 全二〇巻、既刊一五巻、平凡社、一九九二年―

序　章

丸山真男『日本の思想』岩波新書、一九六一年、〔三頁〕

第1章

トマス・アクィナス『神学大全』第一部第八冊（横山哲夫訳）、創文社、一九七三年

M・J・アドラー『天使とわれら』（稲垣良典訳）、講談社学術文庫、一九九七年

稲垣良典『天使論序説』講談社学術文庫、一九九六年

庵野秀明『The End of Evangelion 僕という記号』幻冬舎、一九九七年

第2章

トマス・アクィナス『神学大全』第二-二部第二二冊、創文社、未刊

アウグスティヌス『キリスト教の教え』（加藤武訳）、著作集第六巻、教文館、一九八八年、〔六一―六二頁〕

ルネ・ジラール『欲望の現象学』(古田幸男訳)、法政大学出版局、一九七一年、[四九頁]
荒井献『原始キリスト教とグノーシス主義』岩波書店、一九七一年
大貫隆『グノーシスの神話』岩波書店、一九九九年、[四〇頁]
斉藤学『生きるのが怖い少女たち』光文社、一九九三年
宮本久雄/山本巍/大貫隆『聖書の言語を超えて』東京大学出版会、一九九七年
宮台真司『世紀末の作法』メディアファクトリー、一九九七年、[四〇―四一頁]
桜井亜美『イノセントワールド』幻冬舎、一九九六年
岡崎京子『リバーズエッジ』宝島社、一九九四年
岡崎京子『PINK』マガジンハウス、一九八九年
松浦理英子『親指Pの修業時代(上)(下)』河出書房新社、一九九三年
松浦理英子『優しい去勢のために』筑摩書房、一九九四年

第3章

G・ベイトソン『精神の生態学』改訂第二版(佐藤良明訳)、新思索社、二〇〇〇年
ワツラウィック/バヴェラス/ジャクソン『人間コミュニケーションの語用論』(尾川丈一訳)、二瓶社、一九九八年
『シュマルカルド条項』、イヴ・コンガール『私は聖霊を信じる』全三巻(小高毅訳)、サンパウロ、一九九五―九六年、所収、[九〇頁]
G・S・ヘンドリー『聖霊論』(栗田英昭訳)、一麦出版社、一九九六年
アタナシオス/ディデュモス『聖霊論』(小高毅訳)、創文社、一九九二年

聖大バシレウス『聖霊論』(山村敬訳)、南窓社、一九九六年
W・ベンヤミン『コレクション1』(浅井健二郎編訳)、ちくま学芸文庫、一九九五年、[九三—九六頁]
W・ベンヤミン『コレクション2』(浅井健二郎編訳)、ちくま学芸文庫、一九九六年
W・ベンヤミン『暴力批判論他一〇篇』(野村修編訳)、岩波文庫、一九九四年、[九七—九八頁]
M・マクルーハン『グーテンベルクの銀河系』(森常治訳)、みすず書房、一九八六年
W・J・オング『声の文化と文字の文化』(桜井直文他訳)、藤原書店、一九九一年

第4章

ナグ・ハマディ文書 全四巻(荒井献/大貫隆/小林稔/筒井賢治訳)、岩波書店、一九九七—九八年
『魂の解明』(荒井献訳)、『説教・書簡』ナグ・ハマディ文書 第三巻、岩波書店、一九九八年、[一一一頁]
G・ドゥルーズ『差異と反復』(財津理訳)、河出書房新社、一九九二年
バース『純粋欲望』(中原拓也訳)、青土社、一九九五年、[一三九頁]
メアリ・ダグラス『禁忌と汚穢』(塚本利明訳)、思潮社、一九九五年
パラマス『聖なるヘシュカトスのための弁護』、『後期ギリシア・ビザンティン思想』(大森正樹監修)、中世思想原典集成 第三巻、平凡社、一九九四年、[一一三頁]
I・カント『純粋理性批判』(高峯一愚訳)、河出書房新社、一九六五年、[一三七—一三八頁]
稲垣良典『習慣の哲学』創文社、一九八一年
田淵安一『イデアの結界——西欧的感性のかたち』人文書院、一九九四年、[一三六頁]

第5章

ドゥンス・スコトゥス『命題集註解』第一巻第三篇、第八篇、『存在の一義性』(花井一典/山内志朗訳)、

哲学書房、一九八九年、所収、［一五三―一五四頁］
加藤雅人『ガンのヘンリクスの哲学』創文社、一九九八年
第6章
プロティノス全集（田中美知太郎／水地宗明／田之頭安彦訳）、中央公論社、一九八六―八七年、［一八六―一八八頁］
井筒俊彦『イスラーム哲学の原像』岩波新書、一九八〇年
松本耿郎『イスラーム政治神学』未来社、一九九三年
山内志朗『普遍論争』哲学書房、一九九二年
第7章
木村敏『心の病理を考える』岩波新書、一九九四年
木村敏「リアリティとアクチュアリティ」、講座生命'97 vol. 2'哲学書房、一九九七年、所収

あとがき

私が育った家の前の畑からは、縄文時代の石器や土器がよく出土した。そして、家の裏には、清水が湧き出ていたが、人家もなかった山野に家を建てるときに、水源から連なる溝跡が見つかったというから、縄文人も飲んでいたらしい。私もその水を飲んで育った。食べ物の方も、交通が不便で、人間よりカモシカの方が多いような山中では、縄文時代とさほど違いがないようだ。鳥獣の他に、山菜と山の果実と木の実が食膳を賑わすことになるが、似たような環境で自給自足すれば、食べ物が似てくるのは当たり前である。そのせいで、私も縄文的思考から抜け出ることができないでいるが、案外、縄文人も形而上学的思索を好んだのかもしれないと思うと、妙に納得できるところもある。

それと関連してくるのかどうか、小学生の頃、裏山に荒れ果て、誰も訪れることのない江戸時代の墓地があり、何やら感じるところがあって、何度か足を運んだ。子供の頃からお墓が好きだったのだから、変わり者である。墓地の由来について聞いてみると、江戸時代に繁栄を極めた湯殿山に関わる寺院の住職の墓地であるという。なぜ湯殿山信仰は廃れたのか、なぜかつての大寺院の墓地が見捨てられたままになっているのか、そして、なぜこの宗教集落はただの僻地で過疎の山村になってしまったのか。子供にとって山村も一つの世界であったためなのだろう、湯殿山とその山岳信仰を調べようと決心した。スコラ哲学への関心も同じことで、見捨てられたものだと俄然興味が湧くのだ。とはいえ、湯殿山を調べる決心が現実化したのは、二十数年たってからのことだが。

ところで、縄文時代の東北地方は、現在ほど寒冷ではなかったようだが、積雪地帯であったことは間違いない。雪と言えば、スキーというように、現在では楽しみの表象を伴うようだが、基本的に人間の行動を制約するもので、生命を危険に曝しかねない、恐ろしいものでもある。東北の縄文人も、雪国の人間として雪に恐怖心を持っていたに違いない。

吹雪のときは雪が視界を遮り、数十メートルの距離をも、迷い道にしてしまう。頬を突き刺す寒風、目に入ってくる粉雪、寒さのためにジンジンと痛んでくる手足の指先、踏み進んでいく力を奪っていく雪だまり、雪とは呪うべきものでしかない。晴れていれば、周りの山並みが道しるべとなるのに、雪の中では何も分からなくなってしまう。

雪の中で途方にくれ、歩むべき道が分からない切なさ、そういう原風景が、東京で西洋哲学のことを研究していると、しばしば心に浮かんできた。哲学も東京も、私にとって、いつも吹雪の吹き荒れる世界だった。いや、現代がそういう時代ということなのか。

何も感じない心があれば、そういう状況も耐えることができる。そして、何も感じないでいようとした。しかし、何も感じない心は、リアリティも感じることはできない。そういう時期がずいぶん続いていたように思う。

この本の出発点は、その時期に兆し始めたように思われる。本の内容を繰り返すつもりはないが、スコラ哲学に一目惚れしてしまい、そして癒されてしまったのは事実である。その中でも、特に砂を噛むように味気なく見える、〈存在〉の一義性に魅惑されながら難渋していたが、それが身近に感じられるようになったのは、湯殿山の自然に囲まれながら散策しているときだった。大げさというより、多少おめでたいが、〈存在〉のエロティシズム、性とは無縁のエロティシズムもあると思ったのである。残念ながら、そういう経験は筋道立てて考えていった結果得られたもので、霊験のためなのかどうかは判然としない。湯殿山研究者としては未熟な証拠である。

湯殿山研究にしても、中世のスコラ哲学にしても、最近夢中になっているイスラーム哲学にしても、見捨てられたものを集めたいという趣味が高じたもので、本来私の本職ではないはずなのだが、そこから抜け出ることができなくなってしまった。正面にあるものは目に入らず、周辺にあるものだけが気になるためらしい。ずいぶんと、ひねくれた「縄文人」になってしまった。

いまだに、文章を書いていると、どこかから湧いてくる声を書き留めているだけという感じが拭えないから、結局私はメッセンジャーなのだろう。天使もメッセンジャーなのだから、それほど不満があるわけではないのだが。

前著『普遍論争』の時も、冷や汗だらけの素人の無謀な試みだったが、今回もイスラーム哲学の素人がまたちょっかいを出してしまった。正しい理解かどうかはともかくとして、面白いことさえ伝われば私の役割は果たされたことになる。

ところで、この本の成り立ちについて述べておくと、本書は、新・哲学講義第一巻『ロゴス その死と再生』(岩波書店、一九九八年)所収の「天使の言葉」を発展させていったものである。その論考を改稿した上で第一章に収めたが、それ以外のところは、ほとんど書き下ろしになってしまった。ただし、部分的に、「習慣について」(『創文』九八年七月号)、「アヴィケンナの存在論との関連から見た、スコトゥスの個体化論」(『中世思想研究』九八年)を一部分改稿して取り入れたところもある。

この本が完成したのは、編集部の中川和夫さんの慫慂と激励と督促と鼓舞によるところが大きく、何と申し上げたらよいか分からない。また、草稿段階で小笠原史樹君に査読してもらい、誤りを訂正していただいた。ありがとうございました。

ここで、献呈の言葉が来るのが普通だが、私はもともと献呈の言葉というのが大嫌いである。特に、家族に献呈しているのを見ると厭な感じがする。人間としての品格も、人格も、人間性も、廉恥の心も疑わずにはいられない。しかしながら、はじめて単行本を出したとき、本を出すのもこれが最後だろうからと、我が意に反して、老いし両親への献呈の辞を付しておいた。献呈の辞を書いたのだからと、一応送っておいた。もちろん、スコラ息子の書いたことなど理解できるはずもないとは思ったのだが。ところが、本が届いた翌日、老父から電話があった。読んでもさっぱり分からないと言いながらも、本を何度もめくったのか、最後の献辞に眼がいったらしい。父はその辞を暗記していたから、感じるところがあったらしい。その辞を自分に言い聞かせるように、読み上げ始めると「涙(なんだ)こぼっちぇきて読まんにぇ」と言って声をとぎらせた。私が読むべきだったのか。その父も今では白い骨となってしまった。声の名残に誘われて、父の書棚の本を開くと、献辞の横には、涙の跡が残っていた。

今度も献辞を書くなどということはしたくないのだが、本を書けなくなると困るので、今のうちに書いておく。縄文人と結婚してしまった妻明子にこの本を捧げる、リアリティを教えてくれたことへの感謝を込めて。

二〇〇〇年一一月

山内志朗

■岩波オンデマンドブックス■

双書 現代の哲学
天使の記号学

2001 年 2 月 7 日　第 1 刷発行
2007 年 9 月 5 日　第 3 刷発行
2016 年 4 月12日　オンデマンド版発行

著　者　山内志朗《やまうちしろう》

発行者　岡 本　厚

発行所　株式会社 岩波書店
〒 101-8002 東京都千代田区一ツ橋 2-5-5
電話案内 03-5210-4000
http://www.iwanami.co.jp/

印刷／製本・法令印刷

ISBN 978-4-00-730402-6　　Printed in Japan